- De tio budorden -

Guds lag

Dr. Jaerock Lee

"Om ni älskar mig håller ni fast vid mina bud."

(Johannes 14:15)

Guds lag av Dr. Jaerock Lee
Utgiven av Urim Books (Representant: Sungnam Vin)
73, Yeouidaebang-ro 22-gil, Dongjak-gu, Seoul, Korea
www.urimbooks.com

Användes med tillstånd. Ingen del av boken eller boken i sin helhet får reproduceras i någon form, genom lagring i elektroniska medier eller överföring på något sätt eller genom något annat tillvägagångssätt, elektroniskt, mekaniskt, kopiering, samt bandinspelning eller liknande, utan tidigare inhämtat skriftligt tillstånd från utgivaren.

Där ingenting annat anges är bibelcitaten hämtade från Svenska Folkbibeln®.

Copyright © 2020 av Dr. Jaerock Lee
ISBN: 979-11-263-0561-2 03230
Translation Copyright © 2016 av Dr. Esther K. Chung. Användes med tillstånd

Första engelska utgåvan Februari 2020

Tidigare utgiven på koreanska 2007 av Urim Books, Seoul, Korea

Redigering av Dr. Geumsun Vin
Design av Redaktionsavdelningen, Urim Books
Tryckt av Yewon Printing Company
För mer information, kontakta: urimbook@hotmail.com

Förord

Jag får ofta frågor som "Var finns Gud?" eller "Visa mig Gud" eller "Hur kan jag möta Gud?" när jag predikar. Man ställer sådana frågor eftersom man inte vet hur man möter Gud. Men det är mycket enklare att möta Gud än vi tror. Det går att möta Gud helt enkelt genom att lära oss Hans bud och lyda dem. Men trots att många vet det i sina huvuden, misslyckas de med att lyda buden eftersom de inte förstår den faktiska andliga betydelsen som är inbäddad i varje bud, vilket har kommit som ett resultat av Faderns djupa kärlek till oss.

Precis som varje individ behöver förberedas på att möta samhället genom en ordentlig utbildning, behöver även ett Guds barn en ordentlig utbildning för att vara förberedd på att möta himlen. Det är här Guds lag kommer in. Guds lag, eller Hans tio budord, borde varje nytt Guds barn få lära sig och det borde tillämpas i varje kristens liv. *Guds lag* är bud som Gud har utformat för oss så att vi kan komma närmare Honom, få svar från Honom och så vi kan vara tillsammans med Honom. Att lära sig Guds lag är med andra ord biljetten till att möta Gud.

Omkring 1446 f Kr, just efter att israeliterna hade lämnat Egypten, ville Gud leda dem in i landet som flödar av mjölk och honung, också känt som Kanaans land. För att det skulle kunna ska var det nödvändigt att israeliterna kunde förstå Guds vilja, och de behövde också veta vad det verkligen innebär att vara Guds barn. Det är därför som Gud på ett så kärleksfullt sätt ristade in de tio budorden, som på ett mycket koncist sätt sammanfattar hela Hans lag, på två stentavlor (2 Mosebok 24:12). Sedan gav Han tavlorna till Mose så att han kunde utbilda israeliterna i hur man kommer dit Gud vill ha en, vilket i själva verket är, in i Hans närvaro, genom att undervisa dem i vilka uppgifter de har som Guds barn.

För omkring 30 år sedan, efter att jag mött den levande

Guden, fick jag börja lära mig och lyda Hans lag medan jag gick till kyrkan och letade rätt på varje väckelsemöte jag kunde finna. Jag började med att ge upp rökning och drickande, började lära mig att hålla sabbatsdagen helig, vara trofast i tiondegivandet, be osv. I en liten anteckningsbok skrev jag ner synder som jag inte kunde göra mig av med på en gång. Sedan bad jag och fastade, och bad om Guds hjälp att lyda Hans bud. Den välsignelsen jag fick som resultat av det var fantastiskt!

Först välsignade Gud vår familj fysiskt så att ingen av oss någonsin blev sjuka. Sedan gav Han oss så stora ekonomiska välsignelser att vi kunde fokusera helt och hållet på att hjälpa de som var i nöd. Till slut övergjöt Han så stora andliga välsignelser över mig så att jag nu har förmåga att leda en global tjänst vars syfte är världsevangelisation och mission.

Om du lär dig Guds bud och lyder dem kommer du inte bara vara framgångsrik på alla områden av ditt liv, du kommer också få uppleva en härlighet starkare än solen, när du väl kommer in i Hans eviga kungarike.

Denna bok, *Guds lag*, är en samling predikningar baserade på Guds ord och inspiration om "De tio budorden" som jag tog emot medan jag fastade och bad strax efter att jag påbörjat min tjänst. Genom dessa budskap har många troende börjat förstå Guds kärlek, börjat få ett liv i lydnad till Hans bud och på så sätt fått andlig framgång likväl som på alla andra områden av deras liv. Många troende har dessutom tagit emot svar på varenda bön de har bett. Viktigast av allt – de har fått ett större hopp om himlen.

Om du därför börjar förstå den andliga betydelsen av de tio budorden som det står om i denna bok, och börjar förstå djupet av Guds kärlek som gav oss de tio budorden och bestämmer dig för att leva i lydnad till Hans bud, kan jag lova dig att du kommer få ta emot enorma välsignelser från Herren. I 5

Mosebok 28:1-2 står det att du kommer vara välsignad hela tiden: *"Om du lyssnar till HERRENS, din Guds, röst, genom att noggrant följa alla hans bud som jag i dag ger dig, så skall HERREN, din Gud, upphöja dig över alla folk på jorden. Och alla dessa välsignelser skall komma över dig och nå fram till dig, när du lyssnar till HERRENS, din Guds, röst."*

Jag skulle vilja tacka Geumsun Vin, direktör på redaktionsavdelningen, Urim Books, och hennes personal för deras gränslösa överlåtelse och ovärderliga bidrag till denna boks utformande. Jag ber också i vår Herres namn att det ska bli enkelt för alla som kommer över denna bok att förstå Guds lagar och lyda Hans bud så att de blir mer älskade och också mer välsignade Guds barn!

Jaerock Lee

Introduktion

Vi ger all ära till Gud Fadern för att Han låtit oss samla ihop undervisningstillfällena om de tio budorden, som innehåller Guds hjärta och vilja, i denna bok, *Guds lag*. Först fyller "Guds kärlek uttryckt i de tio budorden" läsaren med nödvändig bakgrundsinformation om de tio budorden. Det svarar på frågan, "Vad exakt är de tio budorden?" Detta kapitel förklarar också att Gud gav oss de tio budorden eftersom Han älskar oss och Hans yttersta vilja är att välsigna oss. När vi därför lyder varje bud med kraften i Guds kärlek kan vi ta emot alla välsignelser Han har i förvar för oss.

I "Det första budordet" lär vi oss att om någon älskar Gud är det enkelt för honom eller henne att lyda Hans bud. Detta kapitel går också igenom svaret på frågan varför Gud i det första budet befaller oss att inte ha andra gudar framför

Honom. "Det andra budordet" går igenom vikten av att aldrig tillbe falska avgudar – eller i andlig bemärkelse – ha något man älskar mer än Gud. Här lär vi oss också om de andliga konsekvenserna av att tillbe falska avgudar och vad som händer när vi inte gör det, och specifika välsignelser och förbannelser som kommer in i våra liv som resultat av det.

Kapitlet som berör "Det tredje budordet" förklarar vad det betyder att missbruka HERRENS namn, och att man behöver undvika att bryta mot detta bud.

I "Det fjärde budordet" lär vi oss om den sanna betydelsen av "sabbat" och varför sabbaten flyttades från lördag till söndag, i det att man gick över från Gamla testamentet till Nya testamentet. Detta kapitel förklarar också i detalj på vilket sätt man helgar sabbatsdagen, framför allt på tre olika sätt. Detta kapitel målar också upp de situationer där undantag från detta bud kan tillämpas – när arbete och företagsamhet på sabbatsdagen kan tillåtas.

"Det femte budordet" förklarar i detalj hur man hedrar sina föräldrar på ett gudfruktigt sätt. Vi lär oss också vad det betyder att hedra Gud, som är vår andes Far, och vilka välsignelser vi kan få när vi hedrar Honom, och våra fysiska föräldrar i Hans sanning.

Kapitlet om "Det sjätte budordet" innehåller två delar: den första delen fokuserar på synden av att begå fysiskt mord, och den andra delen är en andlig förklaring på att begå synden mord i sitt hjärta, vilket många troende kan vara skyldiga till, men sällan inser att de begår.

"Det sjunde budordet" behandlar synden att fysiskt begå äktenskapsbrott och synden att begå äktenskapsbrott i ens hjärta eller sinne, vilket är värre än det första. Detta kapitel går också igenom den andliga betydelsen av att begå denna synd, och processen att be och fasta för att genom den Helige Andes hjälp och Guds nåd och kraft kunna göra sig av med denna synd.

"Det åttonde budordet" beskriver den fysiska definitionen

av att stjäla och den andliga definitionen av att stjäla. Detta kapitel ger också en specifik förklaring till hur man, genom att misslyckas med att ge sitt tionde och offer, kan begå brottet av att stjäla från Gud, och även genom att använda Guds ord på felaktigt sätt.

"Det nionde budordet" tar upp tre olika typer av att ge falskt vittnesbörd eller att ljuga. Det här kapitlet betonar också hur man kan rycka upp roten till bedrägeri från sitt hjärta genom att fylla sitt hjärta med sanningen i stället.

"Det tionde budordet" förklarar om tillfällen då det kan bli en synd av att vi har begär till vår nästa. Här lär vi oss också vad sann välsignelse är när det står väl till med vår själ, eftersom det är så att när det går bra för vår själ tar vi emot välsignelsen av att det går bra för oss på alla områden i livet.

Till slut, i det sista kapitlet "Lagen om att förbli i Gud" lär vi oss att när vi studerar Jesu Kristi tjänst, som uppfyllde lagen med kärlek, måste vi ha kärlek för att kunna uppfylla Guds ord. Vi lär oss också om kärleken som når bortom all rättvisa.

Jag hoppas att denna text ska hjälpa dig som är läsare, att få en tydlig förståelse av den andliga betydelsen i de tio budorden. Och när du lyder HERRENS bud, må du alltid få vara i Guds strålande närvaro. Jag ber också i vår Herres namn att du, medan du uppfyller Hans lag, kommer till en nivå i ditt andliga liv där alla dina böner blir besvarade och Hans överflödande välsignelser kommer över dig på alla livets områden!

Geumsun Vin
Direktör för Redigeringsavdelningen

Innehållsförteckning

Förord
Introduktion

Kapitel 1
Guds kärlek uttryckt i de tio budorden 1

Kapitel 2 Det första budordet
"Du skall inte ha andra gudar vid sidan av mig" 11

Kapitel 3 Det andra budordet
"Du skall inte göra dig någon avbild eller tillbe den" 27

Kapitel 4 Det tredje budordet
"Du skall inte missbruka HERRENS, din Guds, namn" 47

Kapitel 5 Det fjärde budordet
"Tänk på sabbatsdagen så att du helgar den" 63

Kapitel 6 Det femte budordet
"Hedra din far och din mor" 81

Kapitel 7 Det sjätte budordet
"Du skall inte mörda" 95

Kapitel 8 Det sjunde budordet
"Du skall inte begå äktenskapsbrott" 111

Kapitel 9 Det åttonde budordet
"Du skall inte stjäla" 127

Kapitel 10 Det nionde budordet
"Du skall inte bära falskt vittnesbörd mot din nästa" 141

Kapitel 11 Det tionde budordet
"Du skall inte ha begär till din nästas hus" 155

Kapitel 12
Lagen om att förbli i Gud 169

Kapitel 1

Guds kärlek uttryckt i de tio budorden

2 Mosebok 20:5-6

"Du skall inte tillbe dem eller tjäna dem. Ty jag, HERREN, din Gud, är en nitälskande Gud, som låter straffet för fädernas missgärning drabba barnen, ja, tredje och fjärde släktledet, när man hatar mig, men som visar nåd mot tusen släktled, när man älskar mig och håller mina bud."

För fyra tusen år sedan utvalde Gud Abraham till att bli trons fader. Gud välsignade Abraham och gjorde ett förbund med honom och lovade att hans efterkommande skulle bli "lika talrika som stjärnorna på himlen och som sanden i havet." Och i sin tid formade Gud genom sin trofasthet nationen Israel genom Abrahams barnbarn Jakobs tolv söner. Under Guds försörjning flyttade Jakob och hans söner till Egypten för att undkomma en hungersnöd och de bodde där i 400 år. Allt detta var en del av Guds kärleksfulla plan för att beskydda dem från invasion av hedna-nationerna till dess att de vuxit till en större och starkare nation.

Jakobs familj växte från sjuttio person – när de först flyttade till Egypten – till ett stort antal, tillräckligt många för att forma en nation. Och när denna nation växte sig starkare utvalde Gud en person vid namn Mose till att bli ledare för israeliterna. Sedan ledde Gud dessa människor till det förlovade landet Kanaan, landet som flyter av mjölk och honung.

De tio budorden var kärleksfulla ord som Gud gav till israeliterna medan Han ledde dem till det förlovade landet.

För att israeliterna skulle kunna komma in i det välsignade landet Kanaan var de tvungna att ha två kvalifikationer: de måste ha tro på Gud; och de måste lyda Honom. Men utan en fast standard för deras tro och lydnad skulle de inte ha förstått vad det verkligen betyder att ha tro och att vara lydig. Det är därför som Gud gav dem de tio budorden genom deras ledare Mose. De tio budorden är en lista med regler som sätter en standard för människan att följa, men Gud tvingade dem inte helt enväldigt att följa dessa bud. Bara efter att ha visat dem och låtit dem få uppleva Hans mirakulösa kraft – genom att sända de tio plågorna över Egypten, dela Röda havet, förvandla det bittra vattnet i Mara till sötvatten, ge mat till israeliterna genom manna och vaktlar – gav Han dem de tio budorden att följa.

Den allra viktigaste biten av information här är att varje ord från Gud, inklusive De tio budorden, gavs inte bara till israeliterna, utan till alla som tror på Honom idag, som en genväg till att ta emot Hans kärlek och välsignelser.

Guds hjärta som gav budorden

När föräldrar uppfostrar sina barn lär de dem mängder av regler, regler som "Du måste tvätta dina händer efter att du har lekt utomhus" eller "Se till att du har täcket på dig när du sover" eller "Gå aldrig över gatan när det är rött ljus."

Föräldrarna bombarderar inte sina barn med alla regler för att göra livet svårt för dem. De lär sina barn alla dessa regler eftersom de älskar dem. Det är naturligt att föräldrar vill beskydda sina barn från sjukdomar och faror, hålla dem trygga och hjälpa dem att leva fridfullt hela deras liv. Det är samma orsak till varför

Gud gav de tio budorden till oss som är Hans barn: eftersom Han älskar oss.

I 2 Mosebok 15:26 säger Gud, *"Om du hör HERRENS, din Guds, röst och noga lyssnar till hans bud och håller alla hans stadgar, skall jag inte lägga på dig någon av de sjukdomar som jag lade på egyptierna, ty jag är HERREN, din läkare."* I 3 Mosebok 26:3-5 säger Han, *"Om ni vandrar efter mina stadgar och håller mina bud och följer dem, skall jag ge er regn i rätt tid, så att jorden ger sin gröda och träden på marken bär sin frukt. Trösktiden skall hos er räcka till vinbärgningen, och vinbärgningen skall räcka till såningstiden, och ni skall ha bröd nog för att äta er mätta och ni skall bo trygga i ert land."*

Gud gav oss budorden för att vi skulle få veta hur vi kan möta Honom, ta emot Hans välsignelser och svaren på våra böner och framför allt leva i frid och glädje hela livet.

En annan orsak till varför vi behöver lyda Guds lagar, inklusive de tio budorden, är på grund av de rättvisa lagarna i den andliga världen. Precis som varje nation har sina lagar, har Guds kungarike andliga lagar som är fastställda av Gud. Trots att Gud har skapat universum och Han är Skaparen med fullständig kontroll över liv och död, förbannelser och välsignelser, är Han inte totalitär. Det är därför som Han, trots att Han är lagens skapare, själv följer dessa lagar strikt.

Precis som vi följer lagarna i det land vi är medborgare i, borde vi, om vi har tagit emot Jesus Kristus som vår Frälsare och blivit Guds barn och därmed medborgare i Hans kungarike, rätteligen hålla oss till de lagar Gud har och till Hans rike.

I 1 Kungaboken 2:3 står det skrivet, *"Håll fast vid vad HERREN, din Gud, befallt dig, så att du vandrar på hans vägar och håller hans stadgar, hans bud och föreskrifter och vittnesbörd, så som det är skrivet i Mose lag. Då får du framgång i allt vad du gör och överallt dit du vänder dig."*

Att hålla fast vid Guds lag betyder att man lyder Guds ord, inklusive de tio budorden, som finns nedskrivna i Bibeln. När du håller fast vid dessa lagar kan du ta emot Guds beskydd och välsignelser och ha framgång överallt dit du går.

Å andra sidan, när du bryter Guds lagar kan Gud inte beskydda dig och det ger fienden Satan rätt att komma med frestelser och svårigheter över dig. Att bryta mot Guds bud är att synda, och gör att man slav till synden och Satan, vars mål är att ta dig till helvetet.

Gud vill välsigna oss

Huvudorsaken till att Gud gav oss de tio budorden är för att Han älskar oss och vill välsigna oss. Han låter oss inte bara få uppleva eviga välsignelser i himlen, Han vill också att vi ska få ta emot Hans välsignelser på jorden och ha framgång i allt vi gör här. När vi förstå denna kärlek som Gud blir vi enbart tacksamma till Gud för att Han ger oss budorden och kan med glatt hjärta lyda Hans bud.

Vi kan se att barn, när de väl inser hur mycket deras föräldrar älskar dem, gör sitt bästa för att lyda sina föräldrar. Även om de inte klarar av att vara lydiga mot sina föräldrar och får bestraffning, kan de säga "Mamma/Pappa, jag ska göra bättre nästa gång" och kärleksfullt springa till sina föräldrars armar, eftersom de förstår att föräldrarna handlar utifrån kärlek. När de mognar och får en djupare insikt i sina föräldrars kärlek och omsorg om dem, kommer barnen hålla sig till sina föräldrars undervisning för att få glädje.

Föräldrarnas sanna kärlek är vad som ger dessa barn kraft att lyda. Det är på samma sätt med oss när vi ska hålla oss till alla Guds ord som finns nedskrivna i Bibeln. Så fort vi inser att Gud älskar oss så mycket att Han sände sin Enfödde Son, Jesus Kristus, till denna värld för att dö på korset för oss, försöker vi göra vårt bästa för att hålla fast vid budorden.

Det är faktiskt så att ju större tro vi har på det faktum att Jesus Kristus, som inte hade någon synd alls, tog all förföljelse på sig när Han dog på korset för våra synder, desto större glädje har vi när vi lyder dessa budord.

Välsignelserna vi får när vi håller fast vid Hans bud

Våra förfäder i tron som lydde varje ord från Gud och levde strikt efter Hans bud, tog emot stora välsignelser och ärade Gud Fadern av hela sina hjärtan. Och idag skiner de sanningens eviga ljus på oss, som aldrig slocknar. Abraham, Daniel och aposteln Paulus är några av dessa trosmänniskor. Och även idag finns det människor som tror och som fortsätter att göra vad dessa personer gjorde.

Den sextonde presidenten i USA, Abraham Lincoln, gick till exempel bara i skola i nio månader, men han har prisats för sin karaktär och moral, han är älskad och respekterad av många människor idag. Abrahams mamma, Nancy Hanks Lincoln, dog när Lincoln bara var nio år gammal, men medan hon levde lärde hon honom att memorera korta bibelverser och lyda Guds bud. Och när hon visste att hon var på väg att dö, kallade hon på sin son och gav honom dessa sista ord, "Jag vill att du ska älska Gud och lyda Hans budord." När Abraham Lincoln blev äldre, en berömd politiker som förändrade historien med sin rörelse att förbjuda slaveriet, var de sextiosex böckerna i Bibeln alltid vid hans sida. För människor som Lincoln, som håller sig nära Gud och håller fast vid Hans ord, visar Gud dem alltid bevisen på Hans kärlek.

Det var inte länge efter att jag först startat vår församling som jag besökte ett par som hade varit gifta i många år men som inte kunde få några barn. Genom den Helige Andes ledning ledde jag lovsånger och välsignade paret. Sedan bad jag dem om något. Jag bad dem att helga sabbatsdagen genom att tillbe Gud varje söndag, ge tionde och lyda de tio budorden.

Detta par som var nya i tron började gå på gudstjänsterna varje söndag och gav tiondet, i enlighet med Guds befallning. Det ledde till att de fick välsignelsen av att få föda barn och de fick friska barn. Inte bara det, de fick stora ekonomiska välsignelser också. Nu tjänar mannen församlingen som äldstebroder och hela familjen är till stor hjälp i stöd och evangelisation.

Att hålla sig till Guds bud är som att hålla i en lampa i fullständigt mörker. När vi har en starkt lysande lampa behöver vi inte oroa oss över att snubbla över något i mörkret. På samma sätt är det när Gud, som är ljuset, är med oss. Han beskyddar oss i alla omständigheter och vi kan få njuta av välsignelser och auktoritet som finns tillgängligt för alla Guds barn.

Nyckeln att ta emot allt du ber om

I 1 Johannes brev 3:21-22 står det, *"Mina älskade, om hjärtat inte anklagar oss är vi frimodiga inför Gud, och vad vi än ber om, det får vi av honom, ty vi håller hans bud och gör det som gläder honom."*
Är det inte fantastiskt att veta att om vi bara lyder buden

som står skrivna i Bibeln och gör det som gläder Gud, kan vi frimodigt be Honom om vad vi vill och Han kommer att svara oss? Så lycklig Gud måste vara, när Han vakar över sina lydiga barn med sina brinnande ögon och kan ge dem svar på allt de ber om, i enlighet med lagarna i den andliga världen!

Det är därför som Guds tio budord är som en lärobok fylld av kärlek som lär oss det bästa sättet att ta emot Guds välsignelser medan vi kultiveras på denna jord. Budorden lär oss hur vi kan undvika faror och katastrofer och hur vi kan ta emot välsignelser.

Gud gav oss inte budorden för att straffa dem som inte lyder dem, utan för att låta oss njuta av de eviga välsignelserna i Hans underbara kungarike i himlen genom att lyda Hans bud (1 Timoteusbrevet 2:4). När du börjar känna och förstå Guds hjärta och lever efter Hans budord, då kan du ta emot Hans kärlek ännu mer.

När du dessutom studerar varje budord närmare, och när du lyder varje budord helt och hållet med den styrka som Gud kärleksfullt ger dig, kommer du kunna ta emot alla välsignelser du vill ha från Honom.

Kapitel 2
Det första budordet

—— ⁖⁖ ——

"Du skall inte ha andra gudar vid sidan av mig"

2 Mosebok 20:1-3

Och Gud talade alla dessa ord:
Jag är HERREN, din Gud, som har fört dig ut ur
Egyptens land, ur träldomshuset. Du skall inte ha andra
gudar vid sidan av mig.

Två människor som älskar varandra känner glädje av att bara vara tillsammans. Det är därför två som älskar varandra inte ens känner kylan när de tillbringar tid med varandra mitt i vintern, och det är därför som de kan göra vad den andra än ber dem om, oavsett hur svår uppgiften är, så länge det gör den andra lycklig. Även om de måste göra en uppoffring för den andra, känner de sig lyckliga över att göra något för den andra, och de känner sig lyckliga när de ser hur glad den andra personen blir.

Ungefär så är det med vår kärlek till Gud. Om vi verkligen älskar Gud, då kommer det inte vara tungt att lyda Hans budord, det kommer i stället att göra oss glada.

De tio budorden som Guds barn behöver lyda

Nu för tiden finns det en del som kallar sig själva för troende och de säger, "Hur kan vi lyda alla Guds tio budord?" De säger helt enkelt att eftersom folk inte är fullkomliga, går det inte att fullständigt lyda de tio budorden. De menar att vi bara kan försöka att lyda alla budorden.

Men i 1 Johannes brev 5:3 står det skrivet, *"Detta är kärleken till Gud: att vi håller hans bud. Och hans bud är inte tunga."* Detta betyder att beviset på att vi älskar Gud är vår lydnad till Hans budord, och Hans bud är inte så tunga så att vi inte klarar av att lyda dem.

På Gamla testamentets tid var människor tvungna att lyda budorden med sin egen vilja och styrka, men nu i nytestamentlig tid får den som tar emot Jesus Kristus som sin Frälsare den Helige Ande som hjälper en att lyda.

Den Helige Ande är ett med Gud, och som Guds hjärta har den Helige Ande uppgiften att hjälpa Guds barn. Det är därför som den Helige Ande ibland ber för oss, tröstar oss, leder oss i vad vi ska göra, och utgjuter Guds kärlek över oss så att vi kan strida mot synd, ända till blods, och handla utifrån Guds vilja (Apostlagärningarna 9:31, 20:28; Romarbrevet 5:5, 8:26).

När vi får denna styrka från den Helige Ande kan vi på djupet förstå Guds kärlek som gjorde att Han gav oss sin Enfödde Son och då kan vi enkelt lyda det som vi inte skulle kunna lyda med vår egen vilja och styrka. Det finns människor som ändå säger att det är svårt att lyda Guds bud och inte ens försöker lyda dem. Och de fortsätter att leva i synd. Dessa människor älskar egentligen inte Gud från djupet av sina hjärtan.

I 1 Johannes brev1:6 står det, *"Om vi säger att vi har gemenskap med honom och vandrar i mörkret, så ljuger vi och handlar inte efter sanningen"* och i 1 Johannes brev 2:4 står det, *"Den som säger: 'Jag känner honom' och inte håller fast vid hans bud, han är en lögnare och sanningen finns inte i honom."*

Om Guds ord, vilket är sanningen och livets säd, finns i någon, kan han inte synda. Han kommer att få ledning så att han kan leva ett liv i sanningen. Om någon därför hävdar att han tror på Gud men inte lyder Hans bud, betyder det att sanningen egentligen inte är i honom och att han ljuger inför Gud.

Vad är då det allra första budet som Guds barn behöver lyda, som bevisar att de älskar Honom?

"Du skall inte ha andra gudar vid sidan av mig"

Ordet "du" här handlar om Mose, som var den som tog emot de tio budorden från Gud, det handlar om israeliterna som tog emot budorden genom Mose, och det handlar om alla Guds barn som idag blir frälsta genom Herrens namn. Varför tror du Gud befaller sitt folk att inte ha andra gudar vid sidan av Honom som det allra första budet?

Det beror på att det bara är Gud som är den sanne, den ende levande Guden, universums Allsmäktige Skapare. Det är också bara Gud som har full kontroll över universum, mänsklighetens historia, liv och död, och Han ger sant liv och evigt liv till människan.

Gud är Den som har räddat oss från vår fångenskap i synden i denna värld. Det är därför som vi inte ska ha andra gudar i våra hjärtan än denna Ende Guden.

Men många dåraktiga människor håller sig själva borta från

Gud och spenderar sina liv med att tillbe många falska avgudar. En del tillber Buddhas avbild, som inte ens kan blinka, andra tillber stenar, ytterligare andra gamla träd, och några vänder sig till och med mot nordpolen och ber till den.

Somliga tillber naturen och ropar ut till namnen på så många falska gudar genom att dyrka döda människor. Inom varje folkgrupp och varje nation finns det avgudar. Bara i Japan säger man att det finns så många som åtta miljoner olika gudar.

Varför tror du att människor skapar alla dessa falska gudar och tillber dem? Det är för att man letar efter något som kan trösta en, eller så följer man bara sina förfäders vanor som bara råkar vara felaktiga. Eller kanske man har själviska begär efter att få mer välsignelser eller mer god lycka genom att tillbe många olika gudar.

Men en sak måste slås fast: att det förutom Gud Skaparen finns det ingen annan gud som har makt att ge oss välsignelser, än mindre att frälsa oss.

Bevisen i naturen på att Gud Skaparen finns

Det står i Romarbrevet 1:20, *"Ända från världens skapelse ses och uppfattas hans osynliga egenskaper, hans eviga makt och gudomliga natur genom de verk som han har skapat. Därför är de utan ursäkt."* Om vi ser hur universum fungerar kan vi se att en enväldig Skapare existerar, och det är den ende Gud Skaparen.

Se till exempel på människosläktet här på jorden – alla människors kroppar har samma struktur och funktion. Oavsett om man är svart eller vit, vilken ras man tillhör eller vilket land man kommer från, har alla två ögon, två öron, en näsa och en mun placerad på ungefär samma ställe i ansiktet. Så är det dessutom med djuren.

Elefanter är djur med långa näsor. Men lägg märke till att det bara är en lång näsa och två näsborrar. Kaniner, med sina långa öron, och fruktansvärda lejon, har lika många ögon, mun, och öron, placerade på samma ställe som människan. Oräkneliga levande organismer som djur, fiskar, fåglar och till och med insekter har – förutom de specifika karaktärsdragen som gör att de skiljer sig åt från varandra – samma kroppsliga struktur och funktion. Detta bevisar att det finns en skapare.

Naturfenomen bevisar också att Gud Skaparen existerar. På en dag gör jorden en fullständig rotation runt sin egen axel, och på ett år gör den ett helt omlopp runt solen, och på en månad roterar månen och har sitt omlopp runt jorden. På grund av dessa rotationer och omlopp kan vi vara med om många naturfenomen på regelbunden basis. Vi har natt och dag och fyra årstider. Vi har flod och ebb och på grund av temperatursvängningar kan vi uppleva atmosfärens cirkulation.

Jordens lokalisation och rörelser gör denna planet till en perfekt boplats för mänskligheten att överleva på, liksom alla andra levande organismer. Avståndet mellan solen och jorden kunde inte ha varit mindre, inte heller större. Avståndet mellan solen och jorden har alltid varit det allra bästa, ända sedan tidernas begynnelse, och jordens rotation och omlopp runt solen har pågått under en väldigt lång tid, utan störning, utan avvikelse.

På grund av att universum skapades av och styrs genom Guds vishet, kan mängder av ofattbara ting som människan aldrig helt kommer förstå, inträffa varje dag.

Med alla dessa tydliga bevis, kan ingen komma med ursäkten, "Jag kunde inte tro eftersom jag inte visste om Gud verkligen fanns" på den sista domens dag.

En dag bad sir Isaac Newton en erfaren mekaniker att bygga en sofistikerad modell av solsystemet. En av hans vänner som var ateist kom och besökte honom en dag och såg modellen över solsystemet. Utan att tänka särskilt mycket började han veva och något verkligt fantastiskt hände. Varje planet på modellen började röra sig i omlopp runt solen i olika hastigheter!

Vännen kunde inte dölja sin förvåning och utbrast, "Det här är verkligen en fantastisk modell! Vem har gjort den?" Vad tror du Newton svarade? Han sa, "Äh, det är ingen som har gjort den. Den uppstod bara av en slump."

Vännen trodde att Newton skojade med honom och gav svar på tal, "Va?! Vad tar du mig för? En dåre? Hur i hela världen kan en sådan komplicerad modell som denna bara komma från ingenstans?"

På det här svarade Newton, "Det här är bara en liten modell av det riktiga solsystemet. Du argumenterar över att inte ens en sån här enkel modell kan komma från ingenstans utan måste ha någon designer eller skapare. Men hur skulle du då förklara för någon som tror att det riktiga solsystemet, som är betydligt mer komplicerat och storartat, har kommit till utan någon skapare?

Det här är vad Newton skrev i sin bok, *The Philosophiæ Naturalis Principia Mathematica*, vilket betyder Naturvetenskapens matematiska principer, ofta kallas Principia "Detta allra vackraste system av sol, planeter och kometer, kan bara ha sitt ursprung från det rådslut och myndighet som en intelligent och kraftfull Varelse har... Han [Gud] är evig och oändlig."

Det är därför ett stort antal vetenskapsmän som studerar naturvetenskap är kristna. Ju mer de studerar naturen och universum, desto mer upptäcker de Guds allsmäktiga kraft.

Genom mirakler och tecken som inträffar för troende genom Guds tjänare och arbetare som är älskade och erkända av Honom, och genom människans historia som har uppfyllt

Bibelns profetior, visar Gud oss dessutom många bevis så att vi kan tro på Honom, den levande Guden.

Människor som har erkänt Gud Skaparen utan att ha hört talas om evangeliet

Om du studerar mänsklighetens historia kan du se att människor med goda hjärtan som aldrig någonsin har hört om evangeliet ändå har erkänt den ende Gud som Skaparen och försökt leva i rättfärdighet.

Människor med orena och förvirrade hjärtan har tillbett många olika gudar för att försöka ge sig själva tröst. Men människor med fromma och rena hjärtan har bara tillbett och tjänat en Gud, Skaparen, trots att de inte kände till något om Honom.

Till exempel Admiral Sooshin Yi, som levde under Chosundynastin i Korea, tjänade sitt land, kungen och sitt folk med hela sitt liv. Han hedrade sina föräldrar och under hela hans liv gjorde han aldrig något för sig själv, utan offrade sig för andra. Trots att han inte visste något om Gud och vår Herre Jesus, tillbad han inte shamaner, demoner eller onda andar, utan med ett gott samvete såg han enbart upp mot himlarna och trodde på en skapare.

Dessa goda människor lärde sig aldrig Guds ord, men du kan

se att de alltid försökte leva rena och sanna liv. Gud öppnade en väg för sådana människor att också bli frälsta genom något som kallades "Samvetets dom." Det är Guds sätt att ge frälsning till de som levde på Gamla testamentets tid, eller till människor efter Jesu Kristi tid som aldrig fått chansen att höra evangeliet.

I Romarbrevet 2:14-15 står det, *"Ty när hedningar som saknar lagen, av naturen gör vad lagen befaller, då är de sin egen lag, fastän de inte har lagen. De visar att det som lagen kräver är skrivet i deras hjärtan. Om det vittnar också deras samveten och, när de är tillsammans, deras tankar, som anklagar eller försvarar dem."*

När människor med ett gott samvete hör evangeliet, kommer det vara enkelt för dem att ta emot Herren i sina hjärtan. Gud låter dessa själar tillfälligt stanna i "Övre graven" så att de senare kan komma in i himlen.

När någons liv tar slut, lämnar hans ande kroppen. Anden stannar tillfälligt på en plats som kallas "Graven." Graven är en tillfällig plats där han får lära sig att passa in i den andliga världen innan han går till sin plats i evigheten. Denna plats delas upp i "Övre graven", där frälsta människor väntar, och "Nedre graven" där ofrälsta själar väntar i lidande (1 Mosebok 37:35; Job 7:9; 4 Mosebok 16:33; Lukas 16).

Men i Apostlagärningarna 4:12 står det, *"Hos ingen annan finns frälsningen. Inte heller finns det under himlen något annat namn, som givits åt människor, genom vilket vi blir frälsta."* För att se till att själarna i Övre graven skulle få en chans att höra evangeliet, gick därför Jesus till Övre graven för att dela evangeliet med dem.

Skrifterna stöder detta fakta. I 1 Petrusbrevet 3:18-19 står det, *"Så led också Kristus en gång för våra synder. Rättfärdig led han i orättfärdigas ställe, för att föra oss till Gud. Han blev dödad till köttet, men levandegjord genom Anden. I Anden gick han bort och utropade ett budskap för andarna i fängelset."* Dessa "goda" själar i Övre graven kände igen Jesus, tog emot evangeliet och blev frälsta.

Så för människorna som levt med ett gott samvete och trott på den ende Skaparen, oavsett om de tillhörde Gamla testamentets tid eller de aldrig har hört talas om evangeliet eller lagarna, ser rättvisans Gud in i djupet av deras hjärtan och har på det här sättet öppnat en dörr till frälsning för dem.

Varför Gud befaller sitt folk att aldrig ha andra gudar vid sidan av Honom

Någon gång ibland händer det att otroende säger, "Kristendomen kräver att människor bara ska tro på Gud. Gör inte det religionen för omedgörlig och exklusiv?"

Det finns också de som kallar sig själva för troende men som förlitar sig på personer som spår i händer, häxeri, förtrollning och talismaner.

Gud var tydlig med att säga att vi inte skulle kompromissa på det här området. Han sade, "Du skall inte ha andra gudar vid sidan av mig." Det betyder att vi aldrig får ha något att göra med eller välsigna falska avgudar eller något annat av Guds skapelse. Inte heller ska vi anse något jämställt med Gud på något sätt.

Det finns bara en Skapare, Han som har skapat oss, och bara Han kan välsigna oss och bara Han kan ge oss liv. Falska gudar och avgudar som människor tillber är egentligen helt och hållet från fienden djävulen. De står i fiendskap mot Gud.

Fienden djävulen försöker förvirra människor så de håller sig borta från Gud. Genom att tillbe sådant som är falskt slutar det med att de tillber Satan, och de går mot sitt eget fördärv.

Det är därför som människor som hävdar att de tror på Gud men ändå fortfarande tillber falska avgudar i sina hjärtan, fortfarande står under fienden djävulens makt. Det är därför som de fortsätter att ha smärta och sorger och lider under sjukdom och svårigheter.

Gud är kärlek och Han vill inte att Hans folk ska tillbe falska avgudar och gå mot evig död. Det är därför Han befaller oss att vi inte ska ha andra gudar vid sidan av Honom. Genom att tillbe Honom och endast Honom, kan vi ha evigt liv, och också ta emot överflödande välsignelser från Honom medan vi lever här på denna jord.

Vi måste ta emot välsignelser genom att trofast förlita oss på Gud och enbart på Honom

I 1 Krönikeboken 16:26 står det skrivet, *"Folkens alla gudar är avgudar, men HERREN har gjort himlarna."* Om Gud aldrig hade sagt, "Du skall inte ha andra gudar vid sidan av mig" skulle obeslutsamma människor eller till och med en del troende omedvetet hamna i avgudadyrkan och gå emot evig död.

Vi kan se detta i historien om israeliterna. Israeliterna, blev utvalda bland alla andra folk och fick lära sig om den ende Skaparen av universum och uppleva Hans makt otaliga gånger. Men över tid gick de vilse från Gud och började tillbe andra gudar och avgudar.

De tyckte att hedningarnas avgudar verkade bra, så de började tillbe dessa avgudar vid sidan av Gud. Det gjorde att de fick vara med om alla slags frestelser, lidanden och plågor som fienden djävulen och Satan kom över dem med. Bara när de inte längre kunde stå ut med smärtan och svårigheterna, omvände de sig till Gud och kom tillbaka.

Orsaken till varför Gud, som är kärlek, förlät dem gång efter annan och räddade dem ur deras svårigheter var för att Han inte ville se dem uppleva evig död som resultat av att ha tillbett falska avgudar.

Gud fortsätter att visa oss bevis på att Han är Skaparen, den levande Guden, så att vi kan tillbe Honom, och enbart Honom. Han frälste oss från synd genom sin Ende Son Jesus Kristus, och har lovat oss ett evigt liv och gett oss hopp om att få leva för evigt i himlen.

Gud hjälper oss att förstå och tro att Han är den levande Guden genom att visa oss mirakler, tecken och under genom sitt folk, och genom de sextiosex bibelböckerna och mänsklighetens historia.

Det gör att vi på ett trofast sätt måste tillbe Gud, Skaparen av universum, och den som har kontroll över allt i universum. Som Hans barn måste vi bära överflödande god frukt genom att förlita oss Honom, och enbart Honom.

Kapitel 3
Det andra budordet

"Du skall inte göra dig någon avbild eller tillbe den"

2 Mosebok 20:4-6

"Du skall inte göra dig någon bildstod eller någon avbild av det som är uppe i himlen eller nere på jorden eller av det som är i vattnet under jorden. Du skall inte tillbe dem eller tjäna dem. Ty jag, HERREN, din Gud, är en nitälskande Gud, som låter straffet för fädernas missgärning drabba barnen, ja, tredje och fjärde släktledet, när man hatar mig, men som visar nåd mot tusen släktled, när man älskar mig och håller mina bud."

"Herren dog för mig på korset. Hur skulle jag kunna förneka Herren ens av fruktan för döden? Jag skulle hellre dö tio dödar för Herren än att förråda Honom och leva i hundra eller ens tusen meningslösa år. Jag har blott en överlåtelse. Hjälp mig att övervinna dödens makt så att jag inte drar skam över min Herre genom att vilja rädda mitt eget liv."

Detta är pastor Ki-Chol Chus bekännelse, som blev martyr efter att ha vägrat böja knä vid ett japanskt altare. Hans berättelse finns i boken *More Than Conquerors: The Story of the Martyrdom of Reverend Ki-Chol Chu* [Mer än övervinnare: Berättelsen om pastor Ki-Chol Chus martyrskap].

Utan att ge efter för fruktan för svärd eller vapen, gav pastor Ki-Chol Chu upp sitt liv för att lyda Guds befallning att inte böja sig för någon avgud.

"Du skall inte göra dig någon avbild eller tillbe den"

Som kristna är det vår skyldighet att älska och tillbe Gud, och enbart Gud. Det är därför som Gud gav oss det första budordet, "Du skall inte ha andra gudar vid sidan av mig." Och sedan ger Han ett strängt förbud mot avgudadyrkan genom det andra budordet, "Du skall inte göra dig någon avbild eller tillbe den."

Vid första anblicken kanske man tror att det första budordet och det andra budordet är likadana. Men de är två olika budord eftersom de har två helt skilda andliga betydelser. Det första budordet är en varning mot polyteism, och det säger oss att vi bara ska tillbe och älska den ende sanne Guden.

Det andra budordet är en lektion mot att tillbe falska avgudar, och det är också en förklaring på välsignelserna du kommer ta emot när du tillber och älskar Gud. Låt oss då ta en närmare titt på vad ordet "avgud" betyder.

Den fysiska definitionen av ordet "avgud"

Ordet "avgud" kan förklaras på två sätt; en fysisk avgud och en andlig avgud. Det första, i fysisk bemärkelse, är en "avgud" en "bild eller objekt av materia skapat för att representera en Gud som inte har någon fysisk skepnad så att man kan rikta sin tillbedjan mot något."

En avgud kan därför med andra ord vara vad som helst: ett träd, en sten, en bild på en person, däggdjur, insekter, fåglar, havsdjur, solen, månen, stjärnorna på himlen eller något annat som skapats av mänsklig fantasi som man kan göra av stål, silver, guld eller vad som helst som finns som man kan ge sina betygelser och sin tillbedjan inför.

Men en avgud skapad av människan har inget liv och därför kan den varken svara en eller ge en välsignelser. Om människor, som skapats till Guds avbild, skapar någon annan avbild med sina egna händer och tillber den och ber den välsigna dem, så dåraktigt och löjeväckande det skulle se ut!

I Jesaja 46:6-7 står det, *"Man skakar ut guld ur börsen och väger upp silver på vågen. Man anlitar en guldsmed för att göra det till en gud, som man faller ner för och tillber. Man lyfter upp den på axeln, bär bort den och sätter ner den på dess plats. Där står den och kan inte gå därifrån. Ropar någon till den, kan den inte svara och rädda honom ur hans nöd."*

Detta skriftställe handlar inte bara om att skapa en avgud och tillbe den; utan också om att tro på trollformler mot otur eller att göra offerriter och böja knä inför de döda. Även människors tro på vidskepelser och trolldom hamnar i denna kategori. Folk tror att amuletter kan driva bort svårigheter och föra med sig tur, men det är inte sant. Andligt vakna människor kan se att mörka, onda andar faktiskt dras till platser där amuletter och avgudar finns, vilket i slutändan för med sig olyckor och svårigheter över människor som äger dem. Vid sidan av den levande Guden, finns det ingen annan gud som kan ge sanna välsignelser till människor. Andra gudar är i själva verket de som orsakar olyckorna och förbannelserna.

Varför skapar då människor avgudar och tillber dem? Det beror på att människan har en tendens att vilja tillfredsställa sig själv med sådant hon kan se, känna och röra vid fysiskt.

Vi kan se att detta mänskliga tänkande även fanns i israeliterna när de lämnade Egypten. När de ropade till Gud på grund av sina smärtor och hårda arbete de haft under 400 år av slaveri, utsåg Gud Mose som deras ledare för uttåget ur Egypten, och Han visade dem alla slags tecken och under så att de skulle kunna tro på Honom.

När farao vägrade att låta dem gå, sände Gud tio plågor över Egypten. Och när Röda havet hindrade israeliterna att dra vidare, delade Gud havet mitt itu. Fast de hade upplevt dessa mirakler tappade folket tålamodet när Mose var på berget i fyrtio dagar för att ta emot de tio budorden, och skapade sig en avgud och tillbad den. Eftersom de inte längre kunde se Guds tjänare Mose, ville de skapa något de kunde se och tillbe. De gjorde en guldkalv och kallade den för guden som hade lett dem så här långt. De offrade till och med till den, och åt och drack och dansade inför den. Den här händelsen drog ner Guds stora vrede över israeliterna.

Eftersom Gud är ande kan människor inte se Honom med sina fysiska ögon, och inte heller skapa en fysisk skepnad som kan representera Honom. Därför ska vi aldrig tillverka en avgud och kalla den för "gud" eller tillbe den.

I 5 Mosebok 4:23 står det, *"Tag er till vara så att ni inte glömmer det förbund som HERREN, er Gud, har slutit med er, så att ni inte gör er en avgud, en bild tvärtemot vad HERREN, din Gud, har befallt dig."* Att tillbe livlösa, kraftlösa avgudar istället för Gud, den sanna Skaparen, gör mer skada än nytta för människan.

Exempel på avgudadyrkan

Somliga troende kan hamna i avgudadyrkansfällan utan att ens veta om det. Det finns t ex människor som böjer sig ner inför en bild av Jesus, en staty av jungfru Maria, eller andra troshjältar som levt före oss.

Ett stort antal människor kanske inte ens anser att det är avgudadyrkan, men det är en form av avgudadyrkan som Gud inte tycker om. Här är ett bra exempel: många människor kallar jungfru Maria "Helig moder." Men om du studerar Bibeln kommer du se att det är helt fel.

Jesus blev avlad av den Helige Ande, inte genom sperma och ägg från en man och en kvinna. Därför kan vi inte kalla jungfru Maria för "moder." Nu för tiden finns det, med dagens teknologi, möjlighet för läkare att utföra artificiell insemination genom att en mans sperma och en kvinnas ägg i en särskild maskin. Det betyder inte att vi kan kalla denna maskin för "moder" till ett barn som fötts genom denna process.

Jesus, som i sin natur är Gud Fadern, blev avlad genom den Helige Ande och föddes genom jungfru Marias kropp så att Han skulle kunna komma in i denna värld med en fysisk kropp. Det är därför Jesus kallar jungfru Maria "kvinna" och inte "moder" (Johannes 2:4, 19:26). När det i Bibeln står om Maria som Herrens "moder", är det enbart skrivet utifrån de lärjungars synvinkel som skrev ner det i Bibeln.

Just innan sin död sade Jesus till Johannes, "Se din moder!" och menade Maria. Här bad Jesus Johannes ta hand om Maria som sin egen mor (Johannes 19:27). Jesus ställer denna begäran eftersom Han försökte trösta Maria, eftersom Han förstod sorgen i hennes hjärta, eftersom hon hade tjänat Honom sedan den stund Han blev till genom den Helige Ande, till den stund Han nådde full mognad genom Guds kraft och inte längre var beroende av henne.

Det är i alla fall inte korrekt att böja sig inför en staty av jungfru Maria.

För några år sedan besökte jag ett land i Mellanöstern och en inflytelserik person inbjöd mig till sitt hem, och under vårt samtal visade han mig en matta som såg väldigt intressant ut. Det var en ovärderlig, handgjord matta som hade tagit flera år att göra. På mattan fanns en bild av en mörkhyad Jesus. Utifrån det här exemplet kan vi förstå att till och med föreställningen av Jesus är inkonsekvent, det beror helt på vem konstnären eller skulptören är. Om vi därför böjer oss ner inför eller ber till denna avbild skulle det vara att begå avgudadyrkan, vilket är oacceptabelt.

Vad anses vara "avgud" och vad är inte det?

Då och då händer det att de som är överdrivet försiktiga menar att korset i kyrkorna är en form av avbild. Men korset är inte en avbild. Det är en symbol på evangeliet som kristna tror på. Orsaken till att troende ser upp till korset är för att komma ihåg Jesu heliga blod som utgöts för hela mänsklighetens synder, och den nåd från Gud som gav oss evangeliet. Korset kan varken vara en avbild eller en avgud.

Så är det också med målningar av Jesus där Han håller ett lamm, eller *Den sista måltiden,* eller någon skulptur där konstnären helt enkelt vill uttrycka en tanke.

Målningar av Jesus som håller ett lamm visar att Han är den gode herden. Konstnären har inte skapat målningen för att det ska bli ett föremål för tillbedjan. Men om någon skulle tillbe den, eller falla ner inför den, då skulle den bli en avgud.

Det finns gånger då människor säger, "Mose gjorde en avbild under Gamla testamentets tid." De menar den gång då israeliterna knotade mot Gud så att det slutade med att de blev bitna av giftiga ormar i öknen. När många höll på att dö av ormbetten, gjorde Mose en kopparorm och satte upp på en påle. De som lydde Guds ord och tittade upp på kopparormen fick leva, och de som inte såg upp på den dog.

Gud sade inte till Mose att göra kopparormen för att folk skulle tillbe den. Han ville visa folket en illustration av Jesus Kristus, som en dag skulle komma för att rädda dem från förbannelsen de var under, i enlighet med de andliga lagarna.

De människor som lydde Gud och såg upp på kopparormen gick inte under i sina synder. På samma sätt är det med de själar som tror att Jesus Kristus dog på korset för deras synder och tar emot Honom som deras Frälsare och Herre, de kommer inte gå under i sina synder utan i stället få evigt liv.

I 2 Kungaboken 18:4 står det att den sextonde kungen i Juda, Hiskia, förgjorde alla avgudar i Israel, *"Vidare krossade han den kopparorm som Mose hade gjort. Ända till denna tid hade nämligen Israels barn tänt offereld åt den, och man kallade honom Nehustan."* Det påminner människor än en gång att även om kopparormen blev gjord på Guds befallning, fick den aldrig bli ett föremål för avgudadyrkan eftersom det aldrig var Guds avsikt med den.

Den andliga betydelsen av "avgud"

För att kunna förstå betydelsen av ordet "avgud" i fysisk bemärkelse, behöver vi också förstå det i andlig bemärkelse. Den andliga definitionen av "avgudadyrkan" är "allt man älskar mer än Gud." Avgudadyrkan är inte bara begränsat till att böja sig ner inför en bild av Buddha eller att böja sig för avlidna förfäder.

Om vi utifrån vårt eget själviska begär älskar våra föräldrar, vår man eller fru eller till och med våra barn mer än Gud, gör vi i andlig bemärkelse dessa nära och kära till "avgudar." Om vi har mycket höga tankar om oss själva och älskar oss själva, har vi i själva verket gjort oss själva till avgudar.

Det betyder givetvis inte att vi bara ska älska Gud och ingen annan. Gud säger t ex till sina barn att det är deras skyldighet att älska deras föräldrar i sanningen. Han befaller dem också, "Hedra din fader och din moder." Men om kärleken till våra föräldrar för oss bort från sanningen, då älskar vi våra föräldrar mer än Gud och har därför gjort dem till "avgudar."

Trots att våra föräldrar har fött våra fysiska kroppar är Gud Fader till vår ande eftersom Gud skapade spermien och ägget, eller som det också kallas: livets säd. Tänk dig att någon icke-kristen förälder inte tycker om att deras barn går till kyrkan på söndagar. Om deras barn, som är en kristen, inte går till kyrkan för att göra sina föräldrar nöjda, då älskar barnet sina föräldrar mer än Gud. Det gör inte bara Guds hjärta sorgset, det betyder också att barnet egentligen inte i sanning älskar sina föräldrar.

Om du verkligen älskar någon, vill du att den personen ska bli frälst och få evigt liv. Det är sann kärlek. Därför behöver du först och främst se till att du helgar Herrens dag, och sedan behöver du be för dina föräldrar och dela evangeliet med dem så snart som möjligt. Bara då kan du säga att du verkligen älskar och hedrar dem.

Och vice versa: om du som förälder verkligen älskar dina barn, behöver du älska Gud först, och sedan älska dina barn med Guds kärlek. Oavsett hur dyrbara dina barn är för dig kan du ändå inte beskydda dem från fienden djävulen och Satan med din egen begränsade mänskliga kraft. Du kan varken beskydda dem från plötsliga olyckor eller bota dem från någon sjukdom som är okänd för den moderna läkekonsten.

Men när föräldrar tillber Gud och lämnar över barnen i Guds hand och älskar dem med Guds kärlek, då kommer Gud beskydda deras barn. Då kommer Han inte bara ge dem andlig och fysisk styrka, Han kommer också välsigna dem så att de blir framgångsrika på alla livets områden.

På samma sätt är det med kärleken mellan män och hustrur. Ett par som inte känner till Guds sanna kärlek kommer bara kunna älska varandra med köttslig kärlek. De kommer lite då och då söka sitt eget bästa vilket leder till att de hamnar i bråk med varandra. Då kan det leda till att deras kärlek för varandra förändras.

Men när ett par älskar varandra utifrån Guds kärlek, kommer de även kunna älska varandra med andlig kärlek. Paret i beskrivningen ovan kommer inte bli arga på varandra eller bråka med varandra, och de kommer inte försöka tillfredsställa sina egna själviska begär. I stället kommer de dela en kärlek som är oföränderlig, sann och underbar.

Att älska något eller någon mer än Gud

Bara när vi är i Guds kärlek och älskar Gud Fadern först av allt, kan vi älska andra med sann kärlek. Det är därför som Gud säger till oss "Älska din Gud först" och "Ha inga andra gudar vid sidan av mig." Men om du, efter att du har hört det, säger, "Jag gick till kyrkan och de sa till mig att bara älska Gud och inte älska mina familjemedlemmar", då har du gravt missförstått den andliga betydelsen av Hans befallning.

Om du som troende bryter Guds bud eller kompromissar med världen för att kunna få materiell rikedom, berömmelse, kunskap eller makt och på så sätt går vilse från sanningen, gör du dig själv till en avgud i andlig bemärkelse.

Det finns också människor som inte håller Herrens dag helig eller som inte klarar av att ge sitt tionde eftersom de älskar rikedomen mer än Gud, trots det faktum att Gud lovar att välsigna dem som ger sitt tionde.

Det händer ofta att tonåringar hänger upp affischer med deras favoritartist, skådespelare, idrottsmän eller musiker i sina rum, eller gör bokmärken av deras bilder, eller till och med bär med sin idolbild i sin jacka eller ficka för att kunna ha sina favoritidoler nära hjärtat. Det finns tillfällen då tonåringar älskar dessa människor mer än Gud. Du kan givetvis älska och respektera skådespelare, skådespelerskor, idrottsmän osv som är väldigt duktiga på vad de gör. Men om du älskar och vårdar om saker i den här världen till den grad att du kommer på avstånd från Gud, kommer det inte göra Gud glad. Även unga barn som ger hela sina hjärtan till vissa leksaker eller dataspel kan också hamna i att dessa saker blir deras "avgudar."

Guds nitälskan härstammar från kärlek

Efter att ha gett oss ett starkt budord mot avgudadyrkan, berättar Gud för oss om de välsignelser som kommer till dem som lyder Honom, och tillrättavisningen till dem som är olydiga mot Honom.

"Du skall inte tillbe dem eller tjäna dem. Ty jag, HERREN, din Gud, är en nitälskande Gud, som låter straffet för fädernas missgärning drabba barnen, ja, tredje och fjärde släktledet, när man hatar mig, men som visar nåd mot tusen släktled, när man älskar mig

och håller mina bud" (2 Mosebok 20:5-6).

När Gud säger att Han är en "nitälskande Gud" i vers fem menar han inte att Han är "svartsjuk" på samma sätt som människor blir svartsjuka. Svartsjuka är i själva verket inte del av Guds karaktär. Gud använder ordet "svartsjuk" för att det är lättare för oss att förstå med våra egna mänskliga känslor. Den svartsjuka som människor känner kommer från köttet och är motbjudande, oren och sårar de inblandade.

Om t ex en mans kärlek till sin fru förändras så att han blir kär i en annan kvinna och frun börjar känna svartsjuka mot den andra kvinnan, då kommer förändringen som äger rum i frun vara skrämmande att se. Fru kommer bli så arg och hatisk. Hon kommer bråka med sin man och berätta om alla hans brister för hennes bekanta och smutskasta honom. Det kan hända att frun går till den andra kvinnan och bråkar med henne, eller stämmer sin egen man. Om frun önskar att något hemskt ska hända med hennes man för att hon är så svartsjuk, är det ett bevis på att hennes svartsjuka kommer från hat och inte kärlek.

Om kvinnan verkligen älskar sin man med andlig kärlek skulle hon, i stället för att ha känslor av svartsjuka från köttet, först se in i sig själv och fråga, "Står jag i rätt ställning inför Gud? Har jag verkligen älskat och tjänat min man?" Och i stället för att smutskasta sin man med historier om alla hans brister till dem runt omkring sig skulle hon ha bett Gud om vishet för att få honom tillbaka till trofasthet.

Vad är det för slags svartsjuka som Gud känner? När vi inte tillber Gud och vi inte lever i sanningen, vänder Gud bort sitt ansikte från oss, och det är då vi möter prövningar, lidanden och sjukdomar. Om det händer kommer troende, som vet att sjukdomen orsakas av synd (Johannes 5:14), omvända sig och försöka söka Gud på nytt.

Som pastor möter jag många församlingsmedlemmar som upplever det så här nu och då. En församlingsmedlem kanske är en framgångsrik affärsman vars företag blomstrar. Med ursäkten att han blivit mer och mer upptagen förlorar han fokus och slutar att be och göra Guds verk. Han kanske till och med kommer till den punkt då han missar att tillbe Gud på söndagar.

Det gör att Gud vänder bort sitt ansikte från affärsmannen, och företaget som en gång var så framgångsrikt hamnar i kris. Det är då han inser sitt misstag att han inte levt efter Guds bud och omvänder sig. Gud låter hellre sina älskade barn gå igenom en tuff situation under en kort tid och kommer till insikt om Hans vilja, blir frälst och börjar vandra på den rätta vägen, än att de faller av för evigt.

Om Gud inte hade haft den här svartsjukan utifrån kärlek utan i stället bara sett våra felsteg, skulle vi inte bara misslyckas med att inse våra misstag, men våra hjärtan skulle bli hårda och vi skulle fortsätta att synda och till slut hamna in på vägen mot evig död. Därför är den svartsjuka som Gud känner en som kommer från sann kärlek. Det är ett uttryck för Hans stora kärlek och längtan efter att förnya oss och leda oss till evigt liv.

Välsignelserna och förbannelserna som kommer av lydnad och olydnad till det andra budordet

Gud är vår Skapare och Fader som offrade sin Enfödde Son så att alla människor skulle kunna bli frälsta. Han är också den som styr över alla människors liv och vill välsigna dem som tillber Honom. Och att inte tillbe och beundra denne Gud, utan i stället falska avgudar, är att hata Honom. Och människor som hatar Gud får Hans vedergällning, som det står skrivet att barnen blir straffade för sina fäders synder intill tredje och fjärde släktled (2 Mosebok 20:5).

När vi ser oss omkring upptäcker vi att familjer som tillbett avgudar fortsätter att få vedergällning under flera generationer. Personer från dessa familjer kan uppleva maligna och obotliga sjukdomar, missbildningar, efterblivenhet, demonbesättelse, självmord, ekonomiska svårigheter eller andra slags prövningar. Och om dessa svårigheter fortsätter vidare till fjärde generationen kommer familjen bli helt ruinerad och omöjlig att reparera.

Men varför tror du att Gud sade att Han skulle straffa intill "tredje och fjärde släktled" i stället för till den "fjärde generationen"? Detta visar Guds medlidande. Han lämnar en möjlighet för de efterkommande som omvänder sig och söker Gud, även om deras förfäder har tillbett avgudar och varit i fiendskap mot Gud. Gud ger dessa människor en chans att få stopp på straffet mot deras hushåll tidigare.

Men de vars förfäder var i stor fiendskap mot Gud och djupt inne i avgudadyrkan och byggde upp ondska, kommer möta svårigheter när de försöker acceptera Herren. Även om de tar emot är det som att de är tjudrade vid sina förfäder i den andliga världen, vilket kommer göra att de får uppleva många svårigheter i sina andliga liv, om de inte får andlig seger. Fienden djävulen och Satan kommer gå emellan på alla sätt han kan för att hålla dessa människor borta från tron, så att han kan dra dem in i evigt mörker tillsammans med sig själv.

Men om de efterkommande omvänder sig med ödmjuka hjärtan för de synder deras förfäder har gjort, söker Guds barmhärtighet och försöker göra sig av med den syndfulla naturen inom sig själva, kommer Gud utan tvekan att beskydda dem. När man älskar Gud och håller Hans bud, välsignar Gud ens familj intill den 1000:e generationen och låter dem få ta emot Hans nåd för evigt. När vi ser på hur Gud säger att Han kommer straffa olydnad intill tredje och fjärde släktledet, och välsigna intill tusende släktled, kan vi få en tydlig uppfattning om Guds kärlek till oss.

Nu betyder inte detta att du automatiskt kommer få överflödande välsignelser bara för att dina förfäder var stora Guds-tjänare. Gud kallade till exempel David "en man efter mitt hjärta" och Gud lovade att välsigna alla hans efterkommande (1 Kungaboken 6:12). Men vi ser samtidigt att det bland Davids barn fanns de som vände sig bort från Gud och de fick inte de utlovade välsignelserna.

När du läser Israels kungars krönikor kan du se att de kungar som tillbad och tjänade Gud tog emot välsignelserna som Gud hade lovat David. Under deras ledarskap blomstrade nationen och hade framgång till den grad att grannländerna kom och gav gåvor till dem. Men de kungar som vände sig bort från Gud och syndade mot Honom fick uppleva många svårigheter under sin livstid.

Bara när någon älskar Gud och försöker leva i sanningen utan att smutsa ner sig själv med avgudar kan han ta emot alla välsignelser som hans förfäder kan ha samlat på sig för honom.

När vi därför gör oss av med alla andliga och fysiska avgudar som är avskyvärda för Gud från våra liv och sätter Honom först, kan även vi ta emot överflödande välsignelser som Gud utlovar till alla Hans trofasta tjänar och deras kommande släktled.

Kapitel 4
Det tredje budordet

—— ⋙⋘ ——

"Du skall inte missbruka
HERRENS, din Guds, namn"

2 Mosebok 20:7

"Du skall inte missbruka HERRENS, din Guds, namn, ty HERREN skall inte låta den bli ostraffad som missbrukar hans namn."

Det är lätt att se att israeliterna verkligen vårdade Guds ord, utifrån det sätt de skrevs ner i Bibeln och på det sätt som de till och med läste från den.

Innan tryckkonsten uppfanns var man tvungen att skriva av Bibeln för hand. Och varje gång ordet "Jehova" skulle skrivas, skulle skrivare tvätta sin kropp flera gånger och till och med byta ut den pensel han skrev med, eftersom namnet var så heligt. Och närhelst skrivaren gjorde ett misstag var han tvungen att skära ut den sektionen och sätta ny skrift över det. Men om "Jehova" råkade skrivas fel, var han tvungen att gå igenom och undersöka allt från början.

Det var också så på den tiden att när israeliterna läste från Bibeln läste de inte upp namnet "Jehova" högt. I stället läste de "Adonai" som betyder "Min Herre" eftersom de ansåg att Guds namn var för heligt för att uttalas.

Eftersom namnet "Jahve" är ett namn som representerar Gud menade de att det också representerade Guds härlighetsfulla och överordnande personlighet. För dem stod namnet för den Ende som är den Allsmäktige Skaparen.

"Du skall inte missbruka HERRENS, din Guds, namn"

Det finns de kommer inte ens ihåg att det finns ett sådant

budord i de tio budorden. Även bland troende finns det människor som inte tänker särskilt högt om Guds namn, och det gör att man missbrukar Hans namn.

Att "missbruka" betyder att man använder något på fel eller olämpligt sätt. Att missbruka Guds namn är att använda Guds heliga namn på ett felaktigt, oheligt eller osanningsenligt sätt.

Om någon till exempel talar om sitt eget sinne och hävdar att han talar Guds ord, eller om han gör som han själv vill och sedan hävdar att han handlar i enlighet med Guds vilja, då missbrukar han Guds namn. Att använda Guds namn för att uttala en osanningsenlig ed, skoja med Guds namn och så vidare är alla exempel då missbruk av Guds namn.

Ett annat vanligt sätt som man missbrukar Guds namn på är när de som inte ens söker Honom, möter en svår situation och föraktfullt säger, "Gud är så likgiltig!" eller "Om Gud verkligen finns, hur kunde Han låta detta hända?!"

Hur skulle Gud kunna kalla oss syndfria om vi, skapelsen, missbrukar vår egen Skapares namn, Skaparen som förtjänar all ära och heder? Det är därför vi måste ära Gud och försöka leva i sanningen genom att hela tiden rannsaka oss själva och hur vi uppför oss så att vi inte uppvisar oförskämdhet eller respektlöshet inför Gud.

Varför är det en synd att missbruka Guds namn?

För det första, att missbruka Guds namn är ett tecken på att vi inte tror på Honom.

Även bland filosofer som hävdar att de studerar meningen med livet och universums existens, finns det dem som säger, "Gud är död." Och det finns till och med vanliga människor obetänksamt säger, "Det finns ingen Gud."

En gång var det en rysk astronaut som sade, "Jag har varit i rymden men kunde inte se Gud någonstans." Men som astronaut borde han ha vetat bättre än alla andra att det område han var på var bara en liten, liten del av det vidsträckta universum. Hur dåraktigt det är att astronauten säger att Gud, hela universums Skapare, inte existerar bara för att han inte kunde se Gud med egna ögon i den relativt obetydliga rymd han besökte!

Psaltaren 53:2 skriver, *"Dåren säger i sitt hjärta: "Det finns ingen Gud." Onda och vidriga är deras gärningar, ingen finns som gör det goda."* Någon som sett universum med ett ödmjukt hjärta kan upptäcka en myriad av bevis som pekar på Gud Skaparen (Romarbrevet 1:20).

Gud har gett alla en chans att tro på Honom. På Gamla testamentets tid, innan Jesus Kristus, berörde Gud goda människors hjärtan så att de kunde känna den levande Guden. Nu i nytestamentlig tid, efter Jesus Kristus, fortsätter Gud att knacka på människors hjärtan på många olika sätt så att de kan komma att lära känna Honom.

Det är därför som goda människor öppnar sina hjärtan och tar emot Jesus Kristus och blir frälsta, oavsett hur de har hört evangeliet. Gud låter dessa som ivrigt söker Honom få uppleva Hans närvaro genom att göra ett starkt intryck i deras hjärtan genom bön, visioner och andliga drömmar.

En gång hörde jag ett vittnesbörd från en av våra församlingsmedlemmar och jag kunde inte annat än att bli förundrad. En natt kom denna kvinnas mamma, som hade gått bort i magcancer, till henne i en dröm och sade, "Om jag hade fått möta Dr. Jaerock Lee, huvudpastor i Manmin Central Church, skulle jag ha blivit botad..." Denna kvinna kände redan till Manmin Central Church men genom denna upplevelse gick hela hennes familj med i församlingen och hennes son blev botad från epilepsi.

Det finns fortfarande människor som förnekar Guds existens, trots det faktum att Han visar oss sin existens på många olika sätt. Det beror på att deras hjärtan är onda och dåraktiga. Om dessa människor fortsätter att förhärda sina hjärtan mot Gud, talar obetänksamt om Honom utan att ens tro på Honom, hur kan Han då kalla dem syndfria?

Gud, som till och med räknar varje hårstrå på våra huvuden, ser alla våra handlingar med sina vakande ögon. Om människor skulle tro på detta skulle de aldrig våga missbruka Guds namn.

Det tredje budordet · 53

Somliga ser ut som att de tror, men eftersom de inte tror från deras hjärtas centrum, kan de missbruka Hans namn. Och detta blir en synd inför Gud.

För det andra, att missbruka Guds namn är att nonchalera Honom.

Om vi nonchalerar Gud betyder det att vi inte respekterar Honom. Om vi vågar visa respektlöshet mot Gud, Skaparen, kan vi inte säga att vi är utan synd.

Psaltaren 96:4 säger, *"Stor är HERREN och högt prisad, värd att vörda mer än alla gudar."* I 1 Timoteusbrevet 6:16 står det, *"han [Gud] som ensam är odödlig och bor i ett ljus dit ingen kan komma och som ingen människa har sett eller kan se. Honom tillhör ära och evig makt! Amen."*
2 Mosebok 33:20 skriver, *"Men mitt ansikte kan du inte få se, ty ingen människa kan se mig och leva."* Gud Skaparen är så stor och mäktig att vi, skapelsen, inte utan vördnad kan se Honom när vi själva vill.

Det är därför som människor med gott samvete förr i tiden alltid talade om himlen med respektfyllda ord, trots att de inte kände Gud. I Korea brukade människor t ex använda den vördnadsfulla formen när de talade om himlen eller om vädret, för att visa respekt för Skaparen. De kanske inte kände HERREN Gud, men de visste att universums allsmäktig

Skapare sände dem sådant de behövde, som regn, från himlen därovan. Därför ville de visa Honom respekt med sina ord.

De flesta använder ord som visar respekt och missbrukar inte sina föräldrars namn eller människor de verkligen respekterar från sina hjärtan. Så om vi pratar om Gud Skaparen över universum och Livgivaren, borde vi inte tilltala Honom med den allra heligaste attityden och med ord med den allra högsta respekten?

Tyvärr finns det människor idag som kallar sig själva troende men ändå inte visar respekt för Gud, än mindre tar Hans namn på allvar. De skojar till exempel och använder Guds namn eller citerar ord från Bibeln på ett vårdslöst sätt. Eftersom Bibeln säger, *"Ordet var Gud"* (Johannes 1:1) är det respektlöshet mot Gud om vi inte respekterar Bibelns ord.

Ett annat sätt att vara respektlös mot Gud är att ljuga i Hans namn. Ett exempel på detta skulle kunna vara om en person talar om något som uppkommit i hans egna tankar och säger, "Det här är Guds röst" eller "Det här kommer från den Helige Ande." Om vi tänker efter före, innan vi använder en äldre persons namn på ett olämpligt sätt som vore oförskämt och ohövligt, hur mycket mer skulle vi då inte ta oss i akt så att vi inte använder Guds namn på det sättet?

Den allsmäktige Guden känner alla levande varelsers hjärta

och tankar som Han känner sin egen hand. Och Han vet om människans handlingar härstammar från ondska eller godhet. Med ögon som eld ser Gud alla människors liv och Han kommer att döma var och en efter hans gärningar. Om någon verkligen tror på detta kommer han verkligen inte missbruka Guds namn eller begå synden av att vara oförskämd mot Honom.

En annan sak vi behöver komma ihåg är att människor som verkligen älskar Gud inte bara behöver vara försiktiga när de använder Guds namn utan också med allt som har med Honom att göra. Människor som verkligen älskar Gud behandlar också kyrkobyggnaden och kyrkans ägodelar varsammare än deras egna ägodelar. Och de är väldigt försiktiga när de har med pengar att göra som tillhör församlingen, oavsett hur liten summan är.

Om du genom en olyckshändelse har gjort sönder en mugg, en spegel eller en fönsterruta i en kyrka, skulle du då låtsas som om det aldrig har hänt och glömma bort det? Oavsett hur litet något är, sådant som är specifikt överlåtna till Gud och Hans tjänst får aldrig behandlas respektlöst eller nonchalant.

Vi måste också vara försiktiga så att vi inte dömer eller ser ner på en Gudsmänniska, eller ett evenemang som leds av den Helige Ande, eftersom de står i direkt relation till Gud.

Trots att Saul gjorde mycket ont mot David och var ett stort hot mot honom, skonade David Sauls liv ända till slutet av den enda orsaken att Saul en gång varit en kung smord av Gud (1 Samuelsboken 26:23). På samma sätt ska en person som älskar och respekterar Gud vara väldigt försiktig när han har något relaterat till Gud med att göra.

För det tredje, att missbruka Guds namn är att ljuga i Hans namn.

I Gamla testamentet kan du se att det fanns några falska profeter som nämns i Israels historia. Dessa falska profeter förvirrade folket genom att ge dem information som de hävdade kom från Gud när det i själva verket inte var så.

I 5 Mosebok 18:20 ger Gud en allvarlig varning mot sådana människor. Han säger, *"Men den profet som är så förmäten att han talar i mitt namn vad jag inte har befallt honom tala, eller som talar i andra gudars namn, den profeten skall dö."* Om någon ljuger i Guds namn kommer straffet för deras handlingar vara döden.

Uppenbarelseboken 21:8 säger, *"Men de fega, de otroende och skändliga, mördarna och de sexuellt omoraliska, ockultisterna, avgudadyrkarna och alla lögnare, de skall få sin del i sjön som brinner av eld och svavel. Detta är den andra döden."*

Om det finns en andra död måste det betyda att det finns en första död. Detta handlar om människor som dör i denna värld utan att tro på Gud. Dessa människor kommer att hamna i Nedre graven, där de kommer att få smärtsamma straff för

Det tredje budordet · 57

sina synder. Å andra sidan, de som blir frälsta kommer vara som kungar under tusen år under Tusenårsriket på denna jord efter att de har mött Herren Jesus Kristus på skyarna vid Hans andra tillkommelse.

Efter Tusenårsriket kommer Domen vid den stora vita tronen där alla folk kommer dömas och antingen få andliga belöningar eller straff, allt i enlighet med vad de har gjort. Då kommer de själar som inte blev frälsta också att uppstå och möta domen, och varenda en, beroende på hur mycket deras synd väger, kommer antingen att hamna i eldsjön eller i sjön som brinner av eld och svavel. Det är vad som kallas den andra döden.

Bibeln säger att alla lögnare kommer att få uppleva den andra döden. Lögnare här handlar om alla som ljuger i Guds namn. Det är inte bara begränsat till falska profeter; utan också de människor som svär en ed i Guds namn och som sedan bryter eden, eftersom det är detsamma som att ljuga i Hans namn och därför ett missbruk av Hans namn. I 3 Mosebok 19:12 säger Gud, *"Ni skall inte svära falskt vid mitt namn. Då ohelgar du din Guds namn. Jag är HERREN."*

Men det finns troende som ibland ljuger i Guds namn. De kanske till exempel säger, "Medan jag bad hörde jag den Helige Andes röst. Jag tror att det var Guds verk" även fast Gud inte hade något med det att göra. Eller kanske de ser något hända och även om de inte är säkra på det säger det, "Det var Gud som gjorde så detta skedde." Det är bra om det verkligen är Guds verk, men det blir ett problem när det inte är den Helige Andes verk och de bara säger så av gammal vana.

Som Guds barn ska vi givetvis alltid lyssna efter den Helige Andes röst och ta emot Hans ledning. Men det är viktigt att veta att bara för att du är ett räddat Guds barn, betyder det inte att du alltid kan höra den Helige Andes röst. Beroende på hur mycket en person har förmåga att tömma sig själv på synder och bli uppfylld av sanningen, kommer han kunna höra den Helige Andes röst mycket tydligare. Så om någon inte lever i sanningen utan kompromissar med världen, kan han inte tydligt höra den Helige Andes röst.

Om någon är full av osanning och han högröstat och vräkigt sätter en etikett på produkter att det är den Helige Andes verk när det i själva verket är hans eget köttsliga tänkande, ljuger han inte bara inför andra människor; han ljuger också inför Gud. Även om han verkligen hade hört den Helige Andes röst borde han gjort sitt bästa för att vara diskret, åtminstone tills han har hört Hans röst till 100 %. Vi måste därför avhålla oss från obetänksamma uttalande att något är den Helige Andes verk och vi borde också lyssna på sådana påståenden med stor vaksamhet.

Samma regel gäller drömmar, visioner och andra andliga upplevelser. Vissa drömmar ges av Gud medan andra kommer som ett resultat av en individs starka längtan eller oro. Och somliga drömmar kan till och med vara Satans verk, så man ska aldrig hoppa upp och säga, "Denna dröm gavs av Gud" eftersom det vore olämpligt att göra inför Gud.

Det finns tillfällen då människor har anklagat Gud för svårigheter eller lidanden som i själva verket orsakats av Satan som ett resultat av deras egna synder. Och det finns gånger då människor slarvigt placerat Guds namn på saker av gammal vana. När något verkar gå deras väg säger de, "Gud har välsignat mig." När det kommer svåra tider säger de "Åh, Gud har stängt den dörren." Andra ger en bekännelse utifrån tro men det är viktigt att veta att det är en stor skillnad mellan en bekännelse som kommer från ett sant hjärta och en bekännelse som kommer från ett lättvindigt och skrytsamt hjärta.

Ordspråksboken 3:6 säger, *"Räkna med honom på alla dina vägar, så skall han göra dina stigar jämna."* Men det betyder inte att man alltid kan sätta en stämpel på allt med Guds heliga namn. Någon som räknar med Gud på alla sina vägar kommer i stället försöka leva i sanningen hela tiden och därför vara med återhållsam med att använda Guds namn. Och när han behöver använda det, gör han det utifrån ett trofast och taktfullt hjärta.

Om vi inte vill begå synden av att missbruka Guds namn, borde vi därför sträva efter att meditera på Hans ord dag och natt, vara vaksamma i bön och fyllda av den Helige Ande. Bara när vi gör det kan vi tydligt höra den Helige Andes röst och handla i rättfärdighet, i enlighet med Hans ledning.

Alltid vörda Honom, se till att man kan se dig som ädel

Gud är korrekt och noggrann. Därför är vartenda ord Han använder i Bibeln riktigt och lämpligt. När du ser på hur Han tilltalar troende, kan du se att Gud använder exakt rätt ord för situationen. Att till exempel kalla någon för "broder" och någon för "Mina kära" har helt olika ton och betydelse. Ibland talar Gud till människor som "Fäder" eller "Unga män" eller "Barn" osv och använder det lämpligaste orden som kan bära med sig den rätta definitionen, beroende på mottagarens mått av tro (1 Korinterbrevet 1:10; 1 Johannes brev 2:12-13, 3:21-22).

Detsamma gäller för namnen i det heliga Treenigheten. Vi kan se en mängd namn som används för Treenigheten: "HERREN Gud, Jehova, Gud Fadern, Messias, Herren Jesus, Jesus Kristus, Lammet, Herrens Ande, Guds Ande, Helig Ande, Helighetens Ande, den Helige Ande, Ande (1 Mosebok 2:4; 1 Krönikeboken 28:12; Psaltaren 104:30; Johannes 1:41; Romarbrevet 1:4).

Särskilt i Nya testamentet, innan Jesus Kristus tog upp korset, kallades Han, "Jesus, Lärare, Människosonen", men efter att Han dog och uppstod kallades Han, "Jesus Kristus, Herren Jesus Kristus, Jesus Kristus från Nasaret" (1 Timoteusbrevet 6:14:

Apostlagärningarna 3:6).

Innan Han korsfästes hade Han inte helt fullbordat sitt uppdrag som Frälsare än, därför kallades Han "Jesus" som betyder Den som kommer att frälsa sitt folk från deras synder (Matteus 1:21). Men efter att Han fullbordat sitt uppdrag kallades Han "Kristus", som bär betydelsen "Frälsare."

Gud som är fullkomlig, vill att också vi ska vara korrekta och perfekta i ord och handling. När helst vi därför säger Guds heliga namn måste vi uttrycka det på ett mycket mer korrekt sätt. Det är därför som Gud säger i den senare delen av 1 Samuelsboken 2:30, *"Jag skall ära dem som ärar mig, men de som föraktar mig skall komma på skam."*

Om vi därför verkligen ser på Gud med stor respekt från vårt hjärtas centrum, kommer vi aldrig göra misstaget att missbruka Hans namn och vi kommer alltid att vörda Honom. Därför ber jag att ni alltid ska kunna vara vakna i bön, vaksamma i era hjärtan så att det liv ni lever ger ära till Gud.

Kapitel 5
Det fjärde budordet

—— ∽∾ ——

"Tänk på sabbatsdagen så att du helgar den"

2 Mosebok 20:8-11

"Tänk på sabbatsdagen så att du helgar den. Sex dagar skall du arbeta och uträtta alla dina sysslor. Men den sjunde dagen är HERRENS, din Guds, sabbat. Då skall du inte utföra något arbete, inte heller din son eller din dotter, din tjänare eller tjänarinna eller din boskap, och inte heller främlingen som bor hos dig inom dina portar. Ty på sex dagar gjorde HERREN himlen och jorden och havet och allt som är i dem, men på sjunde dagen vilade han. Därför har HERREN välsignat sabbatsdagen och helgat den."

Om du har tagit emot Kristus och blivit ett Guds barn, är det första du behöver göra att tillbe Gud varje söndag och ge fullt tionde. När du ger ditt fulla tionde och offer visar du din tro på Guds makt över alla fysiska och materiella ting, och när du helgar sabbatsdagen visar du din tro på Guds makt över alla andliga ting (Se Hesekiel 20:11-12).

När du handlar i tro och erkänner Guds andliga och fysiska auktoritet, får du Guds beskydd mot sjukdomar, frestelser och nöd. Att offra tionde kommer diskuteras mer i detalj i kapitel 8, därför kommer detta kapitel främst fokusera på att helga sabbatsdagen.

Varför söndagen blev sabbatsdagen

Vilodagen som är helgad åt Gud kallas för "sabbatsdagen." Detta kommer från när Gud, Skaparen, formade universum och människan på sex dagar och sedan vilade på den sjunde dagen (1 Mosebok 2:1-3). Gud välsignade denna dag och helgade den, och bestämde att människan också ska vila på denna dag.

På Gamla testamentets tid var sabbatsdagen egentligen lördag och även nu för tiden håller judarna lördagen som sabbatsdagen. Men när vi kom in i nytestamentlig tid har söndagen blivit sabbatsdagen och vi började kalla denna dag för "Herrens dag." Johannes 1:17 säger, *"Lagen gavs genom Mose, nåden och sanningen kom genom Jesus Kristus."* Och Matteus 12:8 säger, *"Människosonen är sabbatens Herre."* Och det är exakt vad som hände.

Varför har då sabbatsdagen ändrats från lördag till söndag? Det beror på att dagen som hela mänskligheten kan ha sann vila genom Jesus Kristus är söndagen.

På grund av den första människan, Adams, olydnad blev hela mänskligheten slavar till synden och kunde inte ha sann sabbat. Människan kunde bara äta genom sitt anletes svett och var tvungen att lida och uppleva tårar av sorg, sjukdom och död. Det är därför som Jesus kom till denna värld i mänsklig kropp och blev korsfäst, för att kunna betala för hela mänsklighetens synder. Han dog och uppstod igen på den tredje dagen, övervann döden och blev uppståndelsens förstlingsfrukt.

Jesus löste alltså syndaproblemet och gav sann sabbat till hela mänskligheten tidigt på söndag morgon, den första dagen efter sabbatsdagen. Det är därför som söndagen i nytestamentlig tid – den dag Jesus Kristus fullbordade frälsningsvägen för hela mänskligheten – blev sabbatsdagen.

Jesus Kristus, sabbatens Herre

Herrens lärjungar fastställde också söndagen som

Det fjärde budordet · 67

sabbatsdagen då de förstod den andliga betydelsen av sabbatsdagen. Apostlagärningarna 20:7 skriver, *"På den första dagen efter sabbaten var vi samlade för att bryta brödet"* och 1 Korinterbrevet 16:2 säger, *"På första veckodagen ska var och en av er hemma lägga undan och samla vad han lyckas få ihop, så att insamlingarna inte görs först vid min ankomst."*

Gud visste om att det skulle komma en förändring i sabbatsdagen, så Han pålyste det i Gamla testamentet när Han sade till Mose, *"Säg till Israels barn: När ni kommer in i det land som jag ger er och ni bärgar in dess skörd, skall ni ta den kärve som är det första av er skörd och bära den till prästen. Den kärven skall han vifta inför HERRENS ansikte, för att ni skall räknas som välbehagliga. Dagen efter sabbaten skall prästen vifta den. Den dag ni viftar kärven skall ni offra ett felfritt, årsgammalt lamm som brännoffer åt HERREN"* (3 Mosebok 23:10-12).

Gud sade till israeliterna att när de kommer in i Kanaans land skulle de offra den första kärven från skörden dagen efter sabbatsdagen. Den första kärven symboliserar Herren som blev uppståndelsens förstlingsfrukt. Och det felfria, årsgamla lammet symboliserar också Jesus Kristus, Guds Lamm.

Dessa verser visar att på söndagen, dagen efter sabbaten, skulle Jesus, som blev gemenskapsoffret och uppståndelsens förstlingsfrukt, ge uppståndelse och sann sabbat till alla som tror på Honom.

Det är därför som söndagen, den dag som Jesus Kristus uppstod på, blev en dag med sann glädje och tacksamhet; en dag när nytt liv blev till och vägen till evigt liv öppnades; och dagen då sann sabbat äntligen instiftades.

"Tänk på sabbatsdagen så att du helgar den"

Så varför har Gud helgat sabbatsdagen och varför säger Han till sitt folk att de ska helga den?

Det beror på att Gud vill att vi ska komma ihåg det som hör till den andliga världen också, fast vi lever i en köttsligt driven värld. Han ville se till att vårt hopp inte bara står till förgängliga ting i den här världen. Han ville att vi skulle tänka på Mästaren och universums Skapare och ha hopp om den sanna och eviga sabbaten i Hans kungarike.

2 Mosebok kapitel 20 verserna 9-10 säger, *"Sex dagar skall du arbeta och uträtta alla dina sysslor. Men den sjunde dagen är HERRENS, din Guds, sabbat. Då skall du inte utföra något arbete, inte heller din son eller din dotter, din tjänare eller tjänarinna eller din boskap, och inte heller främlingen som bor hos dig inom dina portar."* Detta betyder att du inte borde arbeta på sabbatsdagen. Det inkluderar dig, dina tjänare, dina djur och besökare du har i ditt hus.

Det är därför som ortodoxa judar inte får laga mat, flytta tyngre saker eller resa långa avstånd på sabbatsdagen. Det beror

Det fjärde budordet · 69

på att alla dessa aktiviteter anses vara arbete och därför är de inte förenliga med reglerna för sabbaten. Men dessa restriktioner har skapats av människor och har förmedlats av de äldre till nästa generation; därför är de inte Guds regler.

När judarna till exempel letade efter något att anklaga Jesus för, såg de en man med förtvinad hand och de frågade Jesus "Är det tillåtet att bota på sabbaten?" De ansåg att det var ett "arbete" att bota en sjuk på sabbatsdagen och därför var olagligt.

På detta svarade Jesus dem, *"Om någon av er har ett får som faller ner i en grop på sabbaten, tar han då inte tag i det och drar upp det? Hur mycket mer värd är inte en människa än ett får! Alltså är det tillåtet att göra gott på sabbaten"* (Matteus 12:11-12).

Att helga sabbaten som Gud talar om handlar inte bara om att avhålla sig från arbete. När otroende vilar från arbete och stannar hemma eller går ut och gör någon rekreationsaktivitet, är det fysisk vila från arbetet. Men det är inte en "sabbat" eftersom det inte ger oss sant liv. Vi måste först förstå den andliga betydelsen av "sabbaten" för att vi ska kunna helga den och bli välsignade, på det sätt som Gud först avsåg för oss.

Vad Gud vill att vi ska göra på denna dag är inte att få fysisk vila, utan andlig. Jesaja 58:13-14 förklarar att på sabbatsdagen borde människor hålla sig borta från att göra sådant de själva tycker om, att gå sin egen väg, tala lata ord eller njuta av världens nöjen. I stället behöver de sätta den här dagen åt sidan – helga den. På sabbatsdagen ska man inte bli fångad av något som händer i världen utan gå till kyrkan, vilken är Herrens kropp; äta livets bröd, vilket är Guds ord; ha gemenskap med Herren genom bön och lovsång; och få andlig vila i Herren. Genom gemenskap ska troende dela med sig av Guds nåd till varandra och hjälpa varandra med att bygga upp varandras tro. När vi har andlig vila så här, låter Gud vår tro mogna och ser till att det står väl till med vår själ.

Så vad är det då exakt som behöver göras för att man ska helga sabbatsdagen?

För det första måste vi längta efter sabbatsdagens välsignelser och förbereda oss själva som rena kärl.

Sabbatsdagen är en dag som Gud har satt åt sidan som helig, och det är en glädjefylld dag då vi kan ta emot välsignelser från Gud. Den senare delen av 2 Mosebok 20:11 säger, *"Därför har Herren välsignat sabbatsdagen och helgat den"* och Jesaja 58:13 säger, *"[...] om du kallar sabbaten din lust och förhärligar den till Herrens ära."*

Även nu för tiden, som på Gamla testamentets tid, börjar israeliterna, eftersom de fortsätter att hålla lördagen som sabbatsdag, förberedelserna för sabbaten en dag i förväg. De har förberett all mat, och om de måste arbeta borta från hemmet ordnar de så att de kan skynda sig hem innan fredag kväll. Vi måste också förbereda våra hjärtan för sabbaten innan söndagen. Varje vecka behöver vi vara vakna i bön innan söndagen kommer och försöka leva i sanningen hela tiden så att vi inte bygger upp någon syndamur mellan Gud och oss.

Att därför hålla sabbatsdagen helig betyder inte bara att vi ger just den dagen till Gud. Det betyder att vi lever hela veckan i enlighet med Guds ord. Och om vi därför gör något under veckan som kan vara oacceptabelt inför Gud, behöver vi omvända oss och förbereda oss för söndagen med rena hjärtan. Och när vi kommer till söndagsgudstjänsten behöver vi komma inför Gud med ett tacksamt hjärta. Vi måste komma inför Honom med ett hjärta fyllt av glädje och förväntan, likt en brud som väntar på sin brudgum. Med en sådan attityd kan vi också fysiskt förbereda oss genom att duscha innan och kanske till och med gå till frisören för att se till att vi ser vårdade och prydliga ut.

Vi kanske till och med vill städa hemmet. Vi måste också välja ut hela och rena kläder i förväg att ha på oss i kyrkan. Vi ska inte involvera oss i något världsligt under lördagskvällen och natten mot söndagen. Vi ska avhålla oss från aktiviteter som kan hindra tillbedjan som vi kommer att ge till Gud på söndagen. Vi behöver också vakta våra hjärtan så vi inte blir irriterade, arga eller upprretade, för att vi ska kunna tillbe Gud i ande och sanning.

Därför behöver vi se fram emot söndagen med upprymda hjärtan, fyllda av kärlek och förbereda oss själva som kärl värdiga att ta emot Guds nåd. Detta kommer att hjälpa oss att få uppleva en andlig sabbat i Herren.

För det andra, vi behöver ge hela söndagen, helt och hållet, till Gud.

Även bland troende finns det människor som bara ger Gud gudstjänsten på söndagsmorgonen och hoppar över eftermiddagsgudstjänsten. De gör det antingen för att de vill vila, för att de har någon fritidsaktivitet, eller för att göra något annat. Om vi verkligen vill se till att vi helgar sabbatsdagen helt och hållet med ett gudfruktigt hjärta måste vi hålla hela dagen helig. Orsaken till att vi hoppar över eftermiddagsgudstjänsten för att göra en massa annat är för att vi låter våra hjärtan följa köttets begär och vi jagar efter världsliga ting.

Med en sådan attityd är det väldigt lätt att bli distraherad av andra tankar under morgongudstjänsten. Och även om vi har kommit till kyrkan kan vi inte ge sann tillbedjan till Gud. Under lovsången kan våra sinnen vara fyllda av tankar som "Jag ska snart gå hem och vila, så fort det här mötet är över" eller "Åh, vad kul det vore att träffa mina vänner efter mötet" eller "Jag måste skynda mig att öppna affären så snart det här är slut." Sådana tankar kommer passera våra sinnen och vi kommer inte kunna fokusera på budskapet och kanske till och med blir sömniga och trötta under gudstjänsten.

Det är givetvis så att nya troende lätt blir distraherade eftersom deras tro är så ny, eller så blir de fysiskt väldigt trötta och sömniga. Eftersom Gud känner till varje persons mått av tro och ser hur det ser ut i hjärtats centrum, kommer Han ha barmhärtighet över dem. Men om någon som borde ha en större mängd tro ändå ofta blir distraherad och somnar under mötet, är det att vara respektlös inför Gud.

Att hålla sabbatsdagen helig betyder inte bara att man fysiskt är inne i kyrkan på söndagen. Det betyder att vi i våra hjärtans centrum och med våra sinnen är fokuserade på Gud. Bara när vi tillber Gud ordentligt hela dagen på söndagen i ande och sanning kommer Han med glädje ta emot den väldoftande aromen från våra hjärtans lovsång.

För att kunna helga sabbatsdagen är det också väldigt viktigt hur du spenderar timmarna utanför gudstjänsterna på söndagen. Vi ska inte tänka, "Eftersom jag har varit på gudstjänsten har jag gjort allt jag behövde göra." Efter gudstjänsten behöver vi ha gemenskap med andra troende och tjäna Guds rike genom att städa kyrkan, hjälpa till på kyrkans parkering eller göra andra frivilliguppgifter i kyrkan.

Och när dagen är över och vi åker hem för att vila, ska vi avhålla oss från fritidsaktiviteter vars enda syfte är att behaga oss själva. I stället behöver vi meditera på budskapet vi har hört den dagen, eller spendera tid med att samtala med våra familjer och dela med oss av Guds nåd och sanning. Det kan vara en god idé att låta tv:n vara avstängd, men om det händer att vi tittar på något behöver vi undvika att titta på något som kan trigga igång lusta eller som kan få oss att söka världsliga nöjen. Byt i stället kanal och titta på något som är helt, rent och ännu bättre, baserat på tro.

När vi visar Gud att vi gör vårt bästa för att försöka glädja Honom även i det lilla, kommer Gud, som ser det som finns i våra hjärtans centrum, ta emot vår lovsång med glädje, fylla oss med den Helige Andes fullhet och välsigna oss så att vi kan ha sann vila.

För det tredje, vi ska inte göra något världsligt arbete.

Nehemja som var guvernör i Israel under kung Artasastas, Persiens kung, regeringsstyre, förstod Guds vilja och ville inte bara bygga upp Jerusalems murar men också se till att folket höll sabbatsdagen helig.

Därför förbjöd han att man arbetade eller sålde något på sabbatsdagen, och han jagade till och med bort människor som sov utanför stadsmurarna i väntan på att få arbete dagen efter sabbatsdagen.

I Nehemja 13:17-18 varnar Nehemja sitt folk, *"Då förebrådde jag de förnäma männen i Juda och sade till dem: 'Hur kan* ni handla så illa och vanhelga sabbatsdagen? Var det inte därför att era fäder gjorde sådant som vår Gud lät alla dessa olyckor komma över oss och denna stad? Och nu drar ni ännu mer vrede över Israel genom att vanhelga sabbaten!'" Vad Nehemja sade var att det var att vanhelga sabbatsdagen och att dra ner Guds vrede att köpa och sälja.

Den som vanhelgar sabbaten erkänner inte Guds makt och tror inte på Hans löften att välsigna dem som håller sabbatsdagen helig. Det är därför som Gud som är rättvis, inte kan beskydda dem, och katastrofer kommer att komma över dem.

Gud befaller fortfarande det samma för oss alla idag. Han säger till oss att arbeta hårt under sex dagar, och sedan vila på den sjunde dagen. Och om vi kommer ihåg sabbatsdagen genom att hålla den helig, då kommer Gud inte bara ge oss tillräckligt för den vinst vi hade gjort om vi hade arbetat den sjunde dagen, Han kommer också välsigna oss så mycket att våra "förråd" svämmar över.

Om du läser 2 Mosebok kapitel 16 kommer du se att när Gud gav manna och vaktlar till israeliterna varje dag, hällde Han ut dubbel portion på den sjätte dagen jämfört med vad Han gav de andra dagarna. Det var för att de skulle kunna förbereda sig för sabbatsdagen. Det fanns ändå några bland israeliterna som av själviskhet gick ut för att samla manna på sabbatsdagen men de kom tomhänta tillbaka.

Samma andliga lag kan tillämpas på oss idag. Om ett Guds barn inte håller sabbatsdagen helig och bestämmer sig för att arbeta på sabbatsdagen, kanske han kortsiktigt kan att göra en vinst, men långsiktigt kommer han drabbas av en långsiktig förlust.

Sanningen är den att även om det ser ut som att du gör vinst då, kommer du för att du står utan Guds beskydd, förr eller senare uppleva oförutsedda problem. Du kanske t ex är med om en olycka, blir sjuk osv, och det kommer leda till en ännu större förlust i slutändan än den vinst du gjorde i början.

Om du i stället helgar sabbatsdagen och avskiljer den, kommer Gud att vaka över dig under resten av veckan och leda dig till framgång. Den Helige Ande kommer att vaka över dig med sin eldpelare och beskydda dig från sjukdom. Han kommer välsigna dig och ditt företag, din arbetsplats och överallt där du är.

Det är därför som Gud har befallt detta bud att vara ett av de tio budorden. Han har till och med lagt till ett allvarligt straff, att stena den som ertappades med att arbeta på sabbatsdagen, så att Hans folk alltid skulle komma ihåg och aldrig glömma bort sabbatsdagens betydelse och inte börja gå längs vägen till evig död (4 Mosebok kapitel 15).

Från den stund jag tog emot Kristus i mitt liv, såg jag till att alltid tänka på sabbaten och helga den. Innan jag planterade vår församling drev jag en bokhandel. På söndagar var det många människor som kom till affären för att låna och återlämna böcker. Varje gång det skedde sade jag, "Idag är det Herrens dag, och därför är affären stängd" och jag gjorde inga affärer den dagen. I stället för att gå back ekonomiskt utgöt Gud i själva verket så mycket välsignelser över de sex dagar vi arbetade, att vi aldrig ens behövde tänka på att arbeta på söndagar!

När arbete och företagsamhet på sabbatsdagen är tillåtet

När du läser i Bibeln kan du se att det finns tillfällen då arbete och företagsamhet är tillåtet på sabbatsdagen. Det är i de fall då arbetet är nödvändigt för Herrens verk eller för att göra goda gärningar, som att rädda människors liv.

Matteus 12:5-8 säger, *"Eller har ni inte läst i lagen att prästerna i templet på sabbaten bryter mot sabbaten och ändå är oskyldiga? Jag säger er: Här är något som är större än templet. Hade ni förstått vad detta betyder: Jag vill se barmhärtighet och inte offer, då skulle ni inte döma de oskyldiga. Människosonen är sabbatens Herre."*

När prästerna slaktar djur för brännoffer på sabbatsdagen anses det inte vara arbete. Därför anses inget arbete man gör för Herren på Herrens dag vara en överträdelse mot sabbatsbudet, eftersom Han är Herre över sabbaten.

Om en församling till exempel vill ge kören och lärarna ett mål mat för att de arbetar hårt i kyrkan hela dagen, och kyrkan inte har en kafeteria eller de rätta faciliteterna för att kunna göra det, är det tillåtet att församlingen köper mat till dem någon annanstans. Det är för att sabbatens Herre är Jesus Kristus, och att köpa mat i det här fallet är att göra något för Herrens verk. Det vore givetvis mer idealiskt om maten kunde förberedas inne i kyrkan i stället.

När bokhandeln inne i kyrkan är öppen på söndagar anses inte det heller att vanhelga sabbaten eftersom det som säljs där inte är sådant som hör till världen utan bara sådant som kan ge liv till de som tror på Herren. Det är till exempel Biblar, psalmböcker, predikoinspelningar och andra kyrkrelaterade saker. Det är också tillåtet att ha en varuautomat och matservering inne i kyrkan eftersom det hjälper de troende på sabbatsdagen. Vinsten från dessa försäljningar används till missionsarbetet och ges till välgörenhetsorganisationer så det är helt annorlunda mot den vinst man gör i det sekulära arbetet som pågår utanför kyrkan.

Det finns vissa arbeten som Gud inte anser bryter mot sabbatsbudet, och det är arbeten inom det militära, polisväsendet, sjukvård osv. Dessa arbeten går ut på att skydda och rädda liv och det är att göra gott. Men även om du är i denna kategori, behöver du fokusera på Gud, även om det betyder att du bara gör det i ditt hjärta. Ditt hjärta ska vara villigt att be din överordnade om att få byta den dagen mot en annan, om det är möjligt, för att kunna helga sabbaten.

Hur är det med troende som har sin vigselceremoni på en söndag? Om de hävdar att de tror på Gud och de har sin vigsel på Herrens dag, visar det att deras tro är väldigt ung. Men om de beslutar sig för att ha sin vigsel på söndagen och ingen från deras församling kommer på bröllopet, kan de bli förolämpade och glida bort ifrån sin tro. I sådant fall behöver församlingsmedlemmarna gå på bröllopet efter att söndagsgudstjänsten är över.

Det är att visa omtänksamhet för individerna som gifter sig och att förebygga att någon blir sårad och att de glider bort ifrån troende liv. Men det är inte acceptabelt att stanna kvar efter vigselceremonin för festen vars enda syfte är att underhålla gästerna.

Förutom dessa exempel kan det uppstå många fler frågor om sabbatsdagen. Men när du väl börjar förstå Guds hjärta kan du enkelt själv finna svaret på de frågorna. När du gör dig av med all ondska från ditt hjärta kan du tillbe Gud av hela ditt hjärta. Du kan handla utifrån uppriktig kärlek till andra själar i stället för att döma dem med människogjorda lagar och regler likt sadducéerna och fariséerna. Du kan njuta av sann sabbat i Herren utan att vanhelga Herrens dag. Då kommer du kunna förstå vad Guds vilja är i alla situationer. Du kommer att veta vad du ska göra genom den Helige Andes ledning och du kommer alltid kunna njuta av frihet genom att leva i sanningen.

Gud är kärlek, och därför kommer Han att ge sina barn allt vad de ber om, om de lyder Hans befallningar och gör det som behagar Honom (1 Johannes 3:21-22). Han kommer inte bara att överösa sin nåd över oss, Han kommer också välsigna oss så att vi kan ha framgång på alla livets områden. I slutet av våra liv kommer Han att leda oss till den bästa boplatsen i himlen.

Han har förberett himlen för oss så att vi, som en brud och brudgum delar kärlek och lycka tillsammans, kan dela kärlek och lycka för evigt i himlen tillsammans med vår Herre. Detta är sann sabbat som Gud har i förvar åt oss. Därför ber jag att er tro ska mogna och bli större för varje dag som går, i det att ni tänker på sabbatsdagen genom att hålla den helig.

Kapitel 6
Det femte budordet

"Hedra din far och din mor"

2 Mosebok 20:12

"Hedra din far och din mor, så att du får leva länge i det land som HERREN, din Gud, ger dig."

En kall vinter, när Koreas gator var fulla av lidande flyktingar från det förödande kriget i Korea, fanns det en kvinna som var på väg att föda ett barn. Hon hade flera mil att gå innan hon skulle nå sitt mål, men när hennes sammandragningar blev starkare och starkare och kom tätare klättrade hon försiktigt ner under en övergiven bro. Där på den kalla frusna marken, utstod hon födslosmärtorna ensam och förde ett litet barn in i denna värld. Sedan svepte hon den blodtäckta babyn i sina egna kläder och höll honom i sin famn.

En stund senare hörde en amerikansk soldat som gick förbi bron det lilla barnets gråt. Han följde efter ljudet och klättrade ner under bron och fann en förfrusen död, naken kvinna böjd över det gråtande barnet som var insvept i flera lager av kläder. Som kvinnan i denna berättelse älskar föräldrar sina barn så mycket att de lätt och osjälviskt kan ge upp sina egna liv för dem. Hur mycket större tror du då inte att Guds ovillkorliga kärlek till oss är?

"Hedra din far och din mor"

Att "Hedra din far och din mor" betyder att man lyder sina föräldrar och tjänar dem med uppriktig respekt och gott uppförande. Våra föräldrar födde oss och uppfostrade oss. Om våra föräldrar inte hade funnits skulle inte heller vi ha funnits. Så även om inte Gud hade instiftat detta bud som ett av de tio budorden, skulle människor med goda hjärtan ändå ha hedrat sina föräldrar.

Gud ger oss detta bud, "Hedra din far och din mor" eftersom Han, liksom Han nämner i Efesierbrevet 6:1, *"Ni barn, lyd era föräldrar i Herren, för det är rätt och riktigt"* vill att vi ska hedra våra föräldrar i enlighet med Hans ord. Om det är så att du är olydig mot Guds ord för att kunna behaga dina föräldrar – då är det inte att i sanning hedra dina föräldrar.

Om du t ex är på väg till kyrkan på söndagen och dina föräldrar säger, "Gå inte till kyrkan idag. Vi kan spendera lite tid tillsammans som familj", vad borde du göra då? Om du lyder dina föräldrar för att du vill göra dem nöjda, är det inte samma sak som att hedra dem. Det är att vanhelga sabbatsdagen och att gå emot evigt mörker tillsammans med dina föräldrar.

Även om du lyder och hjälper dem bra i köttet, är detta andligt sett vägen till evigt helvete, hur kan du då säga att du verkligen älskar dina föräldrar? Du måste först göra i enlighet med Guds vilja, och sedan försöka beröra dina föräldrars hjärtan så att ni alla kan komma till himlen tillsammans. Det är att hedra dem.

I 2 Krönikeboken 15:16 står det, *"Kung Asa avsatte också sin moder Maaka från hennes drottningvärdighet, därför att hon hade satt upp en avgudabild åt Aseran. Asa högg ner hennes avgudabild, krossade den och brände upp den i*

Kidrons dal."

Om drottningen i ett land tillber avgudar kommer hon vara i fiendskap mot Gud och vandra mot evig fördömelse. Inte bara det, hon sätter också sina underordnade i fara genom att få dem att begå handlingar av avgudadyrkan och falla in i samma eviga fördömelse tillsammans med henne. Det är därför som Asa, trots att Maaka var hans mor, inte försökte göra henne nöjd genom att lyda henne, utan avsatte i stället henne från hennes position som drottningmoder så att hon kunde omvända sig från det felaktiga hon hade gjort inför Gud och för att få folket att vakna upp och göra detsamma.

Men att kung Asa avsatte sin mor från drottningvärdigheten betyder det inte att han slutade att göra vad en son skulle göra. Eftersom han älskade hennes själ fortsatte han att respektera och hedra henne som sin mor.

För att kunna säga "Jag hedrar verkligen mina föräldrar" måste vi hjälpa otroende föräldrar att ta emot frälsning och komma till himlen. Om dina föräldrar redan är troende måste vi hjälpa dem att komma till den allra bästa boplatsen i himlen. På samma gång behöver vi också göra vårt bästa i att försöka göra dem nöjda, så mycket vi kan inom Guds sanning, medan vi bor här på jorden.

Gud är vår andes Far

"Hedra din far och din mor" betyder egentligen samma sak som "Lyd Guds bud och hedra Honom." Om någon verkligen hedrar Gud från djupet av sitt hjärta, kommer han också att hedra sina föräldrar. Och om någon verkligen tjänar sina föräldrar, kommer han också att tjäna Gud. Men sanningen är den att när det handlar om att prioritera, då är det Gud som ska komma först.

I många kulturer händer det t ex att en far säger till sin son "Gå österut", då kommer sonen lyda och gå österut. Men om hans farfar då skulle säga, "Nej, gå inte österut. Gå västerut." Då är det mer korrekt för sonen att säga till sin far, "Farfar sa till mig att gå västerut" och sedan gå västerut.

Om pappan verkligen hedrar sin egen far, kommer han inte att bli arg för att hans son lydde sin farfar i stället för honom. Denna sed att lyda de äldre, på grund av deras nivå i generationen, är också tillämpbart i vår relation med Gud.

Gud är den som skapade och gav liv till vår far, farfar och alla våra förfäder. En människa skapas genom en spermies och ett äggs förening. Men den som ger människan livets säd är Gud.

Våra synliga kroppar är inget mer än tillfälliga boningar som vi använder under en kort tid medan vi lever här på jorden. Efter Gud är den sanne herren över oss den ande som bor i oss. Oavsett hur smart eller förnuftig mänskligheten blir, kan ingen klona en människas ande. Även om man kan klona mänskliga celler och skapa en mänsklig form, är det Gud som ger den formen en ande, och vi kan inte kalla den formen för en människa innan dess.

Därför är vår andes sanne far Gud. När vi vet det behöver vi göra vårt bästa för att tjäna och hedra våra fysiska föräldrar, men vi ska älska, tjäna och hedra Gud ännu mer, eftersom Han är vårt ursprung och den som ger livet.

En förälder som förstår detta kommer aldrig att tänka, "Jag födde detta barn och jag kan göra vad jag vill med honom." Som det står i Psaltaren 127:3, *"Se, barn är en HERRENS gåva, livsfrukt är en lön"* kommer föräldrar med tro se sina barn som gudagivna och en ovärderlig själ som behöver få näring i enlighet med Guds vilja och inte efter deras egen.

Hur man hedrar Gud, vår andes Far

Vad ska vi då göra för att hedra Gud, vår andes Far?

Om du verkligen hedrar dina föräldrar så lyder du dem och försöker göra dem glada och tillfreds i sina hjärtan. På samma sätt är det med Gud, om du verkligen vill hedra Honom behöver du älska Honom och lyda Hans budord.

Som det står skrivet i 1 Johannes brev 5:3, *"Detta är kärleken till Gud: att vi håller hans bud. Och hans bud är inte tunga"*, om du verkligen älskar Gud, då är det roligt att lyda Hans bud.

Guds bud finns nedtecknade i de sextiosex bibelböckerna. Där finns ord som "Älska, förlåt, skapa frid, tjäna, be" osv där Gud säger åt oss vad vi behöver göra, och sedan finns det ord som "Hata inte, fördöm inte, bli inte lurad" osv där Gud säger till oss vad vi inte ska göra. Det finns också ord som "Gör dig av med minsta lilla form av synd" osv där Gud säger till oss att göra oss av med något ur våra liv, och ord som "Helga sabbatsdagen" osv där Gud säger till oss att bevara och hålla fast vid något.

Bara när vi handlar efter de bud som finns nedskrivna i Bibeln och blir en ljuvlig väldoft för Gud som kristna, kan vi säga att vi i sanning hedrar Gud vår Far.

Det är enkel att se att människor som älskar och hedrar Gud – älskar och hedrar sina föräldrar också. Det beror på att Guds bud redan inkluderar att hedra dina föräldrar och att älska dina syskon.

Är det möjligen så att du älskar Gud och gör ditt bästa för att tjäna Honom i församlingen, men när det gäller dina föräldrar bortser du från deras behov på något sätt? Är du ödmjuk och älskvärd inför dina bröder och systrar i församlingen men blir oförskämd och förolämpar din familj hemma? Konfronterar du äldre föräldrar med ord och handlingar av frustration och säger att det de säger inte har någon betydelse?

Det finns givetvis tillfällen då du och dina föräldrar har olika åsikter på grund av skillnader i ålder och generation, utbildning eller kultur. Men vi ska alltid försöka respektera och hedra våra föräldrars åsikt först. Även om vi kanske har rätt, behöver vi kunna böja våra åsikter under deras, så länge deras åsikter inte strider mot Bibeln.

Vi får se till att vi aldrig glömmer bort att hedra våra föräldrar eftersom det är tack vare dem vi har fått möjlighet att födas och växa upp, på grund av deras kärlek och uppoffrande för oss. En del upplever att deras föräldrar aldrig gör något för dem och tycker att det är krävande att hedra dem. Men även om det finns föräldrar som inte har varit trofasta i sitt ansvar som föräldrar, måste vi komma ihåg att det är ett grundläggande mänskligt, hövligt uppförande att hedra föräldrarna som födde oss.

Om du älskar Gud – hedra dina föräldrar

Att älska Gud och att hedra dina föräldrar går hand i hand. 1 Johannes brev 4:20 säger, *"Om någon säger att han älskar Gud men hatar sin broder, så är han en lögnare. Den som inte älskar sin broder, som han har sett, kan inte älska Gud som han inte har sett."*

Om någon hävdar att han älskar Gud men inte älskar sina föräldrar och inte lever i frid med sina bröder och systrar, då är den personen en hycklare och en lögnare. Det är därför som Jesus i Matteus 15 verserna 4-9 tillrättavisar fariséerna och de skriftlärda. De äldstes traditioner sade nämligen att så länge de gav sina offer till Gud, behövde de inte tänka på att ge något till sina föräldrar.

Om någon säger att han inte kan ge något till sina föräldrar för att han måste ge till Gud, bryter det inte bara mot Guds bud om att hedra ens föräldrar, han använder dessutom Gud som ursäkt och det är tydligt att detta kommer från ett ont hjärta; att vilja ta det som rätteligen tillhör föräldrarna för att tillfredsställa sig själv. Om någon verkligen älskar och hedrar Gud från sitt hjärtas centrum kommer han att älska och hedra sina föräldrar också.

Om någon som förut t ex har haft svårt med att älska sina föräldrar nu börjar förstå Guds kärlek mer och mer, kommer han kunna förstå sina föräldrars kärlek bättre också. Ju mer du kommer in i sanningen, gör dig av med synder och lever efter Guds vilja, desto mer kommer ditt hjärta fyllas av sann kärlek vilket kommer leda till att du kan tjäna och älska dina föräldrar.

Välsignelserna du får när du lyder det femte budordet

Gud har gett ett löfte till dem som älskar Gud och hedrar sina föräldrar. 2 Mosebok 20:12 säger, *"Hedra din far och din mor, så att du får leva länge i det land som HERREN, din Gud, ger dig."*

Denna vers betyder inte bara att du kommer leva ett långt liv om du hedrar dina föräldrar. Det betyder att så mycket du hedrar

Det femte budordet · 91

Gud och hedrar dina föräldrar i Hans sanning, lika mycket kommer Han att välsigna dig med framgång och beskydd på alla områden av ditt liv. Att "leva länge" betyder att Gud kommer att välsigna dig, din familj, din arbetsplats eller företag från plötsliga katastrofer så att ditt liv blir långt och utvecklande.

En kvinna i Gamla testamentet, Rut, fick sådana välsignelser av Gud. Rut var en hedning från Moabs land och om man såg på hennes fysiska omständigheter kunde man säga att hon hade ett tufft liv. Hon gifte sig med en judisk man som hade lämnat Israel för att undkomma hungersnöden. Men kort tid efter att de hade gift sig dog han och lämnade henne barnlös.

Hennes svärfar hade redan gått bort, och det fanns ingen man i huset som kunde stödja familjen. De enda som fanns kvar i hennes hushåll var hennes svärmor, Naomi, och hennes svägerska Orpa. När hennes svärmor Naomi bestämde sig för att återvända till Juda beslutade Rut sig direkt för att följa med henne.

Naomi försökte övertala sin unga svärdotter att lämna henne och försöka börja om på nytt och få ett lyckligt liv, men Rut kunde inte övertalas. Rut ville ta hand om sin svärmor som blivit änka, ända till slutet, så hon följde med henne till Juda, ett land som var fullständigt främmande för henne. Eftersom hon älskade sin svärmor ville hon uppfylla alla sina uppgifter som svärdotter. Hon ville göra sitt bästa och ta hand om Naomi så länge hon kunde. För att kunna göra det var hon till och med villig att ge upp möjligheten att någonsin få ett lyckligt liv själv.

Rut hade också kommit till tro på Israels Gud genom sin svärmor. Vi kan se hennes känslosamma bekännelse i Rut kapitel 1, verserna 16 till 17:

> *Tvinga mig inte att lämna dig och vända tillbaka från dig. Ty dit du går vill också jag gå, och där du stannar vill också jag stanna. Ditt folk är mitt folk och din Gud är min Gud. Där du dör vill också jag dö, och där vill jag bli begravd. HERREN må straffa mig både nu och senare om något annat än döden skulle skilja mig från dig.*

När Gud hörde denna bekännelse, trots att den kom från Rut som var hedning, välsignade Han henne och gjorde hennes liv framgångsrikt. Efter judisk sed kunde en kvinna gifta om sig med en av den avlidne makens släktingar, vilket innebar att Rut kunde starta ett nytt, lyckligt liv med en vänlig make och leva resten av sitt liv tillsammans med sin svärmor, som hon älskade.

Till råga på allt fick Rut privilegiet att vara med i Frälsaren Jesu Kristi släktled eftersom kung David kom genom hennes blodslinje. Som Gud hade lovat fick hon överflödande fysiska och andliga välsignelser eftersom hon hade hedrat sin förälder i Guds kärlek.

Likt Rut måste vi först älska Gud och sedan hedra våra föräldrar i Guds kärlek, och på så sätt få alla utlovade välsignelser som finns i Guds ord: "du må leva länge i landet."

Kapitel 7
Det sjätte budordet

—— ⦿⦿ ——

"Du skall inte mörda"

2 Mosebok 20:13

"Du skall inte mörda."

Som pastor träffar jag många församlingsmedlemmar. Förutom på de vanliga gudstjänsterna träffar jag dem när de kommer för att få förbön, dela sina vittnesbörd eller söka andlig uppmuntran. För att kunna hjälpa dem att växa sig starkare i tron frågar jag dem ofta denna fråga: "Älskar du Gud?"

"Ja! Jag älskar Gud", svarar de flesta med stor självsäkerhet. Men det gör de ofta för att de inte förstår den sanna andliga betydelsen av att älska Gud. Då delar jag denna vers med dem, *"Detta är kärleken till Gud: att vi håller hans bud"* (1 Johannes brev 5:3) och förklarar den andliga betydelsen av att älska Gud. Sedan ställer jag samma fråga igen, och då svarar de flesta mindre självsäkert än förra gången.

Det är väldigt viktigt att förstå den andliga betydelsen av Guds ord. Och det gäller även de tio budorden. Vilken andlig betydelse bär det sjätte budordet med sig?

"Du skall inte mörda"

I 1 Mosebok kapitel fyra kan vi läsa om mänsklighetens första mord. Det var då Adams son, Kain, dödade sin yngre bror Abel. Varför händer sådant här?

Abel gav ett offer till Gud på ett sätt som behagade Gud. Kain gav ett offer till Gud på ett sätt som han tyckte var rätt, och det sätt som var mest bekvämt för honom. När Gud inte tog emot Kains offer blev han avundsjuk på sin bror i stället för att försöka ta reda på vad han hade gjort för fel, och han fylldes av ilska och förakt.

Gud kände Kains hjärta och varnade Kain vid flera tillfällen. Gud sade till honom, *"Den [synden] har begär till dig, men du skall råda över den."* Men som det står i 1 Mosebok 4:8, *"Kain talade med sin bror Abel, och medan de var ute på marken överföll Kain sin bror och dödade honom"* kunde Kain inte kontrollera den ilska som fanns i hans hjärta och det ledde till att han begick en oåterkallelig synd.

Av orden "medan de var ute på marken" kan vi förmoda att Kain väntade på en stund då han kunde vara ensam med sin bror. Det betyder att Kain redan i sitt hjärta hade beslutat att döda sin bror, och han letade efter rätt tillfälle. Mordet Kain begick var inte en olyckshändelse: det var ett resultat av okontrollerad vrede som gick över i handling vid ett specifikt tillfälle. Det är vad som gör Kains mord till en så stor synd.

Efter Kains mord skedde det mängder av andra mord genom hela mänsklighetens historia. Och nu för tiden sker det mängder av mord varje dag på grund av att världen är så full av synder. Genomsnittsåldern på brottslingar sjunker och brotten blir grövre och grövre. Något som är än värre nu för tiden är att det händer att föräldrar dödar sina egna barn och barn dödar sina egna föräldrar, och det chockerar ingen längre.

Fysiskt mord: Att ta en annan persons liv

Juridiskt sett finns det två typer av mord: överlagt mord, när någon dödar en annan person med intention och motiv att döda; och vållande till annans död, när en person utan intention dödar en annan person. Mord på grund av ondska eller ekonomisk vinning eller mord genom olyckshändelse för att man kör vårdslöst är alla exempel på mord; men allvarlighetsgraden beror på situationen. En del mord anses inte vara synd, som till exempel att utgjuta blod på ett stridsfält eller att döda i självförsvar.

Bibeln säger att om någon dödar en tjuv som bryter sig in i hans hus om natten, anses det inte vara mord, men om någon dödar en tjuv som bryter sig in i hans hus om dagen, anses det vara överdrivet självförsvar och han ska straffas. Det beror på att för tusentals år sedan, då Gud gav oss sin lag, kunde människor lätt jaga ut eller fånga en tjuv med hjälp av en annan person.

Gud anser att överdrivet självförsvar som orsakar blodspillan är en annan synd i detta fall, eftersom Gud förbjuder att man struntar i mänskliga rättigheter och man får inte våldföra sig på livets värdighet. Detta visar att Gud är rättvis och kärleksfull till sin natur (2 Mosebok 22:2-3).

Självmord och abort

Förutom de tidigare nämnda typerna av mord finns det också något som kallas "självmord." Det är uppenbart att "självmord" är "mord" inför Gud. Gud har suveränitet över alla människors liv, och självmord är en handling där man förnekar denna suveränitet. Det är därför som självmord är en så stor synd. Men människor begår denna synd för att de inte tror på liv efter döden, eller så tror de inte på Gud. Så förutom att begå synden av att inte tro på Gud, begår de även synden mord. Kan du tänka dig vilken dom som väntar dem!

Nu för tiden, med internets framfart händer det ofta att människor blir frestade att begå självmord genom olika sajter. Den främsta dödsorsaken i Korea bland människor i 40-årsåldern är efter cancer, självmord. Detta håller på att bli ett allvarligt socialt problem. Folk måste förstå att de inte äger rätten att avsluta sina egna liv, och att det inte innebär att de har löst problemet de lämnade bakom sig bara för att de har avslutat sina liv här på jorden.

Hur är det med aborter? Sanningen är den att barnets liv som är i livmorden står under Guds suveräna kraft och därför hamnar även abort under kategorin mord.

Idag är synd något som kontrollerar så många människors liv så att föräldrar aborterar sina barn utan att ens tänka att det är en synd. Att mörda en annan person är i sig en fruktansvärd synd, men om föräldrar tar sitt eget barns liv, hur mycket större är inte den synden?

Fysiskt mord är en uppenbar synd, och därför har varje land väldigt strikta lagar mot det. Det är också en allvarlig synd inför Gud, och därför kan fienden djävulen föra alla möjliga slags prövningar och lidanden över de som begår mord. Inte bara det, en fruktansvärd dom väntar dem efter detta liv, därför ska ingen begå synden mord.

Andligt mord som skadar anden och själen

Gud anser att fysiskt mord är en fruktansvärd synd, men Han anser också att andligt mord – vilket är lika fruktansvärt – en lika allvarlig synd. Vad är då andligt mord?

För det första är andligt mord att någon gör något utanför Guds sanning, antingen med ord eller handling, och det gör att en annan person snavar i tron.

Att få en annan troende att snava är att skada hans ande genom att få honom att gå bort från Guds sanning.

Låt oss säga att en ung troende kommer fram till en av församlingens ledare för att få råd och han frågar, "Är det ok om jag missar söndagsgudstjänsten för att göra det och det som är så viktigt?" Om ledaren då ger honom rådet, "Eftersom det är så viktigt, så antar jag att det är ok att du missar söndagsgudstjänsten", då får ledaren den unga troende att snava.

Eller om någon som har hand om församlingens räkenskaper frågar, "Kan jag låna lite av församlingens pengar för personligt ändamål? Jag kan betala tillbaka allt om några dagar." Om församlingsledaren då säger, "Så länge du betalar tillbaka, spelar det egentligen ingen roll", då lär ledaren honom något som är emot Guds vilja, och därför skadar han en medbroder i tron.

Eller om en ledare för en liten grupp säger, "Det är väldigt stressig värld vi lever i nu för tiden. Är det verkligen möjligt att träffas så ofta?" och han lär sina medbröder i tron att inte ta församlingsmötena på allvar. Då lär han ut något som är emot Guds sanning, och på så sätt får han sina medbröder i tron att snava (Hebreerbrevet 10:25). Det står, *"Och om en blind leder en blind, så faller båda i gropen"* (Matteus 15:14).

Att lära ut osann information till andra troende och få dem att snava bort från Guds sanning är en form av andligt mord. Att ge troende falsk information kan få dem att gå igenom lidande utan orsak. Därför ska församlingsledare som har utbildande positioner be ivrigt till Gud så att de kan de ut rätt information till de troende, eller så ska de hänvisa de som har frågor till andra ledare som kan ge ett tydligt och rätt svar från Gud som uppmuntrar de växande troende att gå i rätt riktning.

Att också säga sådant man inte borde säga, eller att säga onda ord, kan också höra till kategorin andligt mord. Att säga sådant som fördömer eller dömer andra, skapa Satans synagoga genom att skvallra, eller genom att skapa meningsskiljaktigheter mellan människor är exempel på att provocera en annan människa att hata eller att agera ont.

Vad som är ännu värre är när människor sprider rykten om Guds tjänare som pastorer, eller om en församling. Dessa rykten kan få många människor att snava, och därför kommer de som sprider sådana rykten med säkerhet få möta domen inför Gud.

I vissa fall kan vi se människor skada sin egen ande med den ondska de har i sina hjärtan. Judarna som försökte döda Jesus, trots att Han enbart handlade i sanningen, är exempel på sådana människor – och Judas Iskariot som bedrog Jesus genom att sälja Honom till judarna för trettio silverpenningar.

Om någon snavar efter att ha sett en annans svaghet, behöver den personen veta att han också har ondska inom sig. Det finns gånger då människor ser nyfödda kristna som inte har gjort sig av med sina gamla sätt att leva än och säger, "Och han kallar sig själv kristen? Jag tänker inte gå till kyrkan på grund av honom." Det är ett typiskt fall där man får sig själv att snava. Ingen gjorde det mot dem; i stället skadade de sig själva utifrån deras egen ondska och fördömande hjärta.

Ibland händer det att människor faller bort från Gud efter att ha blivit besviken på någon som de trodde var en stark kristen, och hävdar att han handlade utifrån osanning. Om de bara hade fokuserat på Gud och Herren Jesus Kristus skulle de inte ha snavat och inte heller lämnat frälsningens väg.

Det finns till exempel tillfällen då människor gå i borgen för någon som de verkligen litar på och respekterar, men av någon orsak går något fel och borgenären får det svårt på grund av det. Många människor blir då besvikna och förolämpade. När något sådant händer, behöver de förstå att situationen bara bevisar att deras tro inte var sann tro, och att de borde omvända sig från sin egen olydnad. De har varit olydiga mot Gud eftersom Han tydligt har sagt att vi inte ska gå med på att vara borgenärer åt andra (Ordspråksboken 22:26).

Och om du verkligen har ett gott hjärta och sann tro, kommer du, när du ser någons svaghet, be för personen med ett hjärta fullt av medkänsla och vänta på att han ska förändras.

Det kan också vara så att människor blir stötestenar för sig själva efter att de blivit förolämpade när de lyssnat på Guds budskap. Om en pastor till exempel predikar angående en specifik synd, även om pastorn aldrig ens tänkte på dem och än mindre nämnde deras namn, tänker de, "Pastorn talar om mig! Hur kan han göra så inför alla dessa människor?" Och så lämnar de församlingen.

Eller när en pastor säger att tiondet tillhör Gud och att Gud välsignar dem som ger tionde, kommer vissa och klagar över att församlingen lägger för stor vikt vid pengar. Och när pastorn vittnar om Guds kraft och Hans mirakler säger vissa, "Det där förstår jag inte alls" och klagar över att budskapet inte passar med deras kunskap eller utbildning. Detta är exempel på när människor blir förolämpade på egen hand och skapar stötestenar för sig själva i sina hjärtan.

Jesus sade i Matteus 11:6, *"Salig är den som inte tar anstöt av mig"* och i Johannes 11:10 sade Han, *"Men den som vandrar om natten, han snavar eftersom ljuset inte finns i honom."* Om någon har ett gott hjärta och längtar efter att ta emot sanningen, kommer han inte att snava eller falla bort från Gud eftersom Hans ord, som är ljuset, kommer vara i honom. Om någon snavar över en stötesten eller bli förolämpad av något, bevisar det bara att det fortfarande finns mörker i honom.

Om man ofta lätt blir förolämpad är det ett tecken på att man antingen är svag i sin tro eller att man har mörker i sitt hjärta. Men personen som förolämpar är också ansvarig för sina handlingar. När man ska förmedla ett budskap till en annan behöver man försöka förmedla det på ett vist sätt, även om det man säger är den fulla sanningen, så att det landar väl i den tro personen har som tar emot ordet.

Om du säger "Om du vill bli frälst måste du sluta dricka och röka" till en nyfödd kristen som just har tagit emot den Helige Ande, eller "Du ska aldrig öppna din affär på söndagar" eller

"Om du begår synden av att inte be, blir det till en mur mellan dig och Gud, så se till att du kommer till kyrkan och ber varje dag" är det likställt med att ge kött till en baby som egentligen skulle amma. Även om den nyfödde kristne lyder på grund av trycket, kommer han förmodligen att tänka, "Oj, oj, det är verkligen svårt att vara kristen" och kan känna sig nedtyngd och förr eller senare ge upp sin tro helt och hållet.

Matteus 18:7 säger, *"Ve över världen som förför! Förförelser måste komma, men ve den människa genom vilken förförelsen kommer."* Även om du säger något som är till nytta för en annan person, om det du säger får personen att bli förolämpad eller falla bort från Gud, är det ett andligt mord, och du kommer oundvikligen möta en del prövningar som betalning för den synden.

Om du därför älskar Gud, och om du älskar andra, kommer du praktisera självkontroll i varje ord du säger, så att det du säger kan föra med sig nåd och välsignelser till alla som lyssnar. Även om du undervisar någon i sanningen, behöver du vara känslig och se om det du säger får honom att känna sig anklagad och nedtyngd i hjärtat eller om det ger honom hopp och styrka till att använda undervisningen i sitt liv, så att alla du betjänar kan vandra på den underbara vägen i ett liv med Kristus Jesus.

Att hata en broder är andligt mord

Den andra typen av andligt mord är att hata en annan broder eller syster i Kristus.

Det står skrivet i 1 Johannes brev 3:15, *"Den som hatar sin broder är en mördare, och ni vet att ingen mördare har evigt liv i sig."* Det beror helt enkelt på att roten till mord är hat. Först börjar man kanske hata en annan person i sitt hjärta. Men när hatet växer kan det få honom att faktiskt leva ut hatet mot den andra personen, och till slut kan detta hat till och med göra så att han begår mord. Liksom i Kains fall började allt med att Kain fick hat till sin bror Abel.

Det är därför det står i Matteus 5:21-22, *"Ni har hört att det är sagt till fäderna: Du ska inte mörda, och den som mördar är skyldig inför domstolen. Jag säger er: Den som blir vred på sin broder är skyldig inför domstolen, och den som säger 'idiot' till sin broder är skyldig inför Rådet, och den som säger 'dåre' är skyldig och döms till det brinnande Gehenna."*

När någon hatar andra i sitt hjärta kan hans vrede få honom att bråka med dem. Och om någonting gott händer med den han hatar blir han avundsjuk och dömande och fördömer honom och sprider rykte om hans svagheter. Han kanske försöker att lura honom och skada honom, eller bli hans fiende. Att hata en annan person och att handla emot någon ur ondska är exempel på andligt mord.

På Gamla testamentets tid var det inte lätt för människor att bli omskurna i sina hjärtan och bli heliga, eftersom Gud ännu inte hade sänt den Helige Ande. Men nu, i nytestamentlig tid, eftersom vi har tagit emot den Helige Ande i våra hjärtan, ger Han oss kraften att göra oss av med till och med den syndfulla naturen som sitter så djupt.

I den Treenige Guden är den Helige Ande som en detaljorienterad mamma som lär oss hur Gud Faderns hjärta är. Den Helige Ande lär oss om synd, rättfärdighet och dom, och hjälper oss på så sätt att leva i sanningen. Det är därför vi till och med kan göra oss av med syndaidentiteten.

Det är därför som Gud inte bara säger till sina barn att aldrig begå fysiskt mord, utan också säger att vi ska göra oss av med hatets rot från våra hjärtan. Bara när vi gör oss av med all ondska från våra hjärtan och fyller det med kärlek, kan vi i sanning bo i Guds kärlek och njuta av bevisen på Hans kärlek (1 Johannes brev 4:11-12).

När vi älskar någon ser vi inte hans brister. Och om den personen råkar ha en svaghet, känner vi sympati för honom och med ett hoppfullt hjärta uppmuntrar honom och ger honom kraft att förändras. Medan vi fortfarande var syndare gav Gud oss denna kärlek så att vi kunde ta emot frälsning och komma till himlen. Därför ska vi inte bara lyda Hans befallning, "Du skall inte mörda", utan också älska alla människor – även våra fiender – med Kristi kärlek och ta emot Guds välsignelser hela tiden.

Till slut kommer vi att komma till den allra vackraste platsen i himlen och få bo i Guds kärlek för evigt.

Kapitel 8
Det sjunde budordet

"Du skall inte begå äktenskapsbrott"

2 Mosebok 20:14

"Du skall inte begå äktenskapsbrott."

Berget Vesuvius i södra Italien var en aktiv vulkan som någon gång ibland gav ifrån sig ånga och rök, men folket tyckte bara det gjorde omgivningarna kring Pompeji vackra.

Den 24 augusti, 79 e Kr, omkring klockan 12 började marken skaka och det ökade i intensitet. Berget Vesuvius fick ett utbrott och ett svampliknande moln täckte himlen över Pompeji. I en stor explosion sprängdes bergstoppen och lava började regna ner på marken. Inom några minuter hade mängder av människor dött medan överlevande flydde för sina liv mot havet. Men då hände det värsta tänkbara. Vinden fick fart och blåste mot havet. Hetta och giftig gas övertäckte Pompejis invånare som just hade överlevt utbrottet genom att fly mot havet, och kvävde dem till döds.

Pompeji var en stad full av lusta och avgudar och man levde ett ohämmat liv. Deras sista dagar påminner oss om städerna Sodom och Gomorra från Bibeln, som fick uppleva Guds dom genom eld. Städernas öde är en tydlig påminnelse om hur mycket Gud avskyr lustfyllda hjärtan och avgudadyrkan. Det finns också tydligt nedskrivet i de tio budorden.

"Du skall inte begå äktenskapsbrott"

Äktenskapsbrott är en sexuell interaktion mellan en man och

en kvinna som inte är varandras makar. För väldigt länge sedan ansågs äktenskapsbrott vara en extremt omoralisk handling. Men hur är det idag? På grund av datorers utveckling och internet kan vuxna, och till och med barn, få tillgång till lustfyllda material med sina fingertoppar.

Etiken kring sex i dagens samhälle har förfallit så mycket att sensuella och obscena bilder visas på tv, i filmer och till och med i barnens tecknade filmer. Att ohämmat visa upp sin kropp är väldigt populärt i modetrenderna. Det gör att en felaktig förståelse om sex sprider sig oerhört snabbt.

För att få tag i sanningen i den här saken ska vi studera betydelsen av det sjunde budordet, "Du skall inte begå äktenskapsbrott", i tre delar.

Äktenskapsbrott i handling

Människors känsla för moral och värderingar har idag blivit sämre än någonsin. Så mycket att det i filmer och dramatiseringar lyfts fram att äktenskapsbrott är en underbar kärlek. Och nu för tiden ger ogifta män och kvinnor lättvindigt sina kroppar till varandra och har till och med föräktenskapligt sex och tänker, "Det är ok eftersom vi kommer att gifta oss i framtiden." Även gifta män och kvinnor bekänner öppet att de har haft relationer med personer de inte var gifta med. Och för att göra saken värre har åldern då man påbörjar sexuella förhållanden blivit lägre och lägre.

Om du läser lagarna som utvecklar de tio budorden som gavs till Mose blev människor som begick äktenskapsbrott allvarligt straffade. Trots att Gud är kärlek är äktenskapsbrott en oacceptabel och allvarlig synd, och det är därför Han drar en tydlig gräns och förbjuder det. 3 Mosebok 20:10 fastslår, *"Om någon begår äktenskapsbrott med en annan mans hustru, skall den som begår äktenskapsbrott med sin nästas hustru straffas med döden, både äktenskapsbrytaren och äktenskapsbryterskan."* Och i nytestamentlig tid anses äktenskapsbrott vara en synd som förstör kroppen och själen och stänger ute äktenskapsbrytaren från frälsningen.

"Vet ni inte att orättfärdiga inte ska få ärva Guds rike? Bedra inte er själva! Varken sexuellt omoraliska eller avgudadyrkare, varken äktenskapsbrytare eller de som utövar homosexualitet eller som låter sig utnyttjas för sådant, varken tjuvar eller giriga, varken drinkare, förtalare eller utsugare ska ärva Guds rike" (1 Korinterbrevet 6:9-10).

Om en som är ny i tron begår denna synd på grund av okunnighet om sanningen, kan han få Guds nåd och möjlighet att omvända sig från sina synder. Men om någon som borde vara andligt mogen i tron och som känner till Guds sanning fortsätter att begå denna synd, blir det svårt för honom att ens ta emot en ande av omvändelse.

3 Mosebok 20:13-16 talar om synden att ha sexuella relationer med ett djur och synden av att ha homosexuella relationer. I dessa dagar och i denna tidsålder finns det länder som juridiskt har accepterat homosexuella relationer; men detta är något avskyvärt i Guds ögon. Somliga svarar då, "Tiderna har förändrats" men oavsett hur mycket tiderna förändras, och oavsett hur mycket världen förändras, förändras aldrig Guds ord, som är sanningen. Om någon därför är ett Guds barn, ska han inte befläcka sig genom att följa trenderna i denna värld.

Äktenskapsbrott i sinnet

När Gud talar om äktenskapsbrott talar Han inte bara om handlingen att begå äktenskapsbrott. Den yttre handlingen av äktenskapsbrott är ett tydligt fall av äktenskapsbrott, men att också finna nöje i att fantisera om eller titta på omoraliska handlingar hamnar också under kategorin äktenskapsbrott.

Lustfyllda tankar gör att man får ett lustfyllt hjärta; och detta är att begå äktenskapsbrott i hjärtat. Även om man inte har gjort något fysiskt kan till exempel en man som ser en kvinna begå äktenskapsbrott i sitt hjärta. Gud som ser till vad som finns i människans hjärtas centrum anser att det är likställt med fysiskt äktenskapsbrott.

Det står i Matteus 5:27-28, *"Ni har hört att det är sagt: Du ska inte begå äktenskapsbrott. Jag säger er: Den som ser med begär på en kvinna har redan begått äktenskapsbrott med henne i sitt hjärta."* Efter att en syndfull tanke kommit in i tankarna flyttar det till hjärtat och visar sig sedan genom handlingar. Bara efter att känsla av hat har flyttat in i någons hjärta börjar han eller hon att göra sådant som skadar andra. Bara efter att vrede har vuxit till sig i någons hjärta kommer han eller hon bli arg och förbanna. När en person på samma sätt har lustfyllda begär i sitt hjärta kan det lätt växa till fysiskt äktenskapsbrott. Även om det inte är särskilt synligt om någon begår äktenskapsbrott i sitt hjärta, har han redan begått äktenskapsbrott, eftersom roten till synden är densamma.

En dag under mitt första år på teologiska seminariet, blev jag väldigt chockerad över att ha hört en grupp pastorer prata med varandra. Fram till den stunden hade jag alltid älskat och respekterat pastorer och jag hade bemött dem som jag bemötte Herren. Men i slutet av denna väldigt hetsiga diskussion kom de till slutsatsen att "så länge det inte är medvetet, är äktenskapsbrott i hjärtat inte någon synd."

Visste Gud att vi skulle kunna leva efter befallningen, "Du skall inte begå äktenskapsbrott" när Han befallde att vi inte skulle begå äktenskapsbrott? Eftersom Jesus sade, "Jag säger er att den som ser på en kvinna med lust till henne har redan begått äktenskapsbrott med henne i sitt hjärta", måste vi helt enkelt göra oss av med dessa lustfyllda begär. Det finns inget annat man kan säga om saken. Ja, det kan vara svårt att göra det med sin egen mänskliga styrka, men med bön och fasta kan vi få styrka från Gud så att det blir enkelt att göra oss av med lusta från våra hjärtan.

Jesus bar törnekronan och utgöt sitt blod för att tvätta bort de synder vi begått med våra tankar och sinnen. Gud sände oss den Helige Ande så att vi även kan göra oss av med syndfull natur från våra hjärtan. Vad kan vi då göra specifikt, för att göra oss av med lusta i våra hjärtan?

Faserna att göra sig av med lusta från våra hjärtan

Låt oss säga att en vacker kvinna eller en stilig man går förbi och du tänker, "Wow, vad snygg hon är" eller "Han är stilig", "Jag skulle vilja gå på en date med henne" eller "Jag skulle vilja träffa honom." Inte många människor anser att dessa tankar är lustfyllda eller har med äktenskapsbrott att göra. Men om någon säger dessa ord och verkligen menar det, är det ett tecken på lusta. För att kunna göra sig av med de små tecknen på lusta, måste vi gå igenom en noggrann process av att strida mot denna synd för att få bort den.

Vanligtvis är det så att ju mer du försöker att inte tänka på någon, desto mer poppar det upp i tankarna. Efter att ha sett en bild på en man och en kvinna som gör omoraliska handlingar i en film, vill inte den bilden lämna ditt huvud. I stället fortsätter bilden att spelas upp i dina tankar om och om igen. Beroende på hur starkt bilden trängde sig på ditt hjärta, desto längre kommer den att stanna i ditt minne.

Vad kan vi då göra för att göra oss av med dessa lustfyllda tankar från våra sinnen? För det första måste vi med all kraft undvika spel, tidningar och annat som har bilder som frestar oss till att ha lustfyllda tankar. Och när en lustfylld tanke kommer in i vårt sinne behöver vi direkt styra om våra tankar. Låt oss säga att en lustfylld tanke poppar upp i ditt huvud. I stället för att låta den få fortsätta behöver du försöka stoppa tanken direkt.

När du då förändrar dessa tankar till sådana som är goda, sanna och som behagar Gud, och du fortsättningsvis ber och söker Hans hjälp, kommer Han definitivt att ge dig styrkan att strida bort dessa slags frestelser. Så länge du är villig och fortsätter att be med passion, kommer Guds nåd och kraft över dig. Och med den Helige Andes hjälp kommer du kunna göra dig av med dessa lustfyllda tankar.

Men det viktiga att komma ihåg här är att du inte ska ge upp efter ett eller två försök. Du måste fortsätta att be med tro ända till slutet. Det kan ta en månad, ett år eller kanske till och med två till tre år. Men oavsett hur lång tid det tar, behöver du alltid lita på Gud och be hela tiden. Då kommer Gud ge dig styrkan att en dag besegra och kasta bort lustan från ditt hjärta, en gång för alla.

När du väl har passerat fasen där du kan "Stoppa felaktiga tankar" kommer du in i fasen där du kan "Kontrollera ditt hjärta." I denna fas kan du, även om du ser en lustfylld bild, besluta dig i ditt hjärta för att "Jag ska inte tänka på detta" och då kommer inte tanken att komma in i ditt sinne mer. Äktenskapsbrott i hjärtat sker efter en kombination av tankar och känslor, och om du kan kontrollera dina tankar, då kommer synden från de tankarna inte ha någon möjlighet att komma in i ditt hjärta.

Nästa fas är när "Olämplig tanke inte inträffar längre." Även om du ser en lustfylld bild, kommer dina tankar inte att bli influerad av den, och därför kan lusta inte komma in i ditt hjärta. Nästa fas är fasen där "Du kommer inte ens medvetet ha olämpliga tankar."

När du väl har kommit in i denna fas kommer du inte kunna ha lustfyllda tankar även om du försöker få dem. Eftersom du har gjort dig av med den synden med rötterna kommer du inte, även om du ser en lustprovokativ bild, varken ha några tankar eller känslor kring den. Det betyder att osanna – eller ogudaktiga – bilder inte längre kan komma in i ditt sinne.

Det kan givetvis komma tillfällen då du genomgår dessa faser av att kasta ut denna synd, att synden på något sätt kravlar sig tillbaka, när du trodde att du hade gjort dig av med allt.

Men om du tror på Guds ord, och du har en längtan att lyda Hans befallningar och göra dig av med dina synder, då kommer du inte att stagnera i din trosvandring. Det är som att skala en lök. När du skalar bort ett eller två lager, ser det ut som att lagren aldrig kommer ta slut, men några lager senare inser du att du har skalat av alla lager. Troende som ser på sig själva med tro blir inte besvikna och tänker, "Jag försökte så mycket, men ändå kan jag inte göra mig av med denna syndfulla natur." I stället har de en tro på att de kommer förändras efter hur mycket de försöker göra sig av med sina synder. Och med det sinnelaget kommer de att sträva ännu mer. Om du inser att du fortfarande har kvar den syndfulla naturen, behöver du snarare vara tacksam över att du har tillfälle att göra dig av med den.

Om en lustfylld tanke kommer in i dina tankar för en sekund, under det att du går igenom faserna att göra dig av med lusta från ditt liv, ska du inte bli bekymrad. Gud kommer inte att se det som äktenskapsbrott. Om du stannar kvar i den tanken och låter den växa, då kommer det bli en stor synd, men om du omvänder dig direkt och fortsätter i din strävan att bli helgad, kommer Gud se på dig med nåd och ge dig styrkan att få seger över den synden.

Begå andligt äktenskapsbrott

Att begå äktenskapsbrott med kroppen är att begå äktenskapsbrott i det fysiska, men något som är mycket allvarligare än fysiskt äktenskapsbrott är andligt äktenskapsbrott. "Andligt äktenskapsbrott" är när någon hävdar att han är en troende men ändå älskar världen mer än Gud. Om du tänker på det är den grundläggande orsaken till att någon begår fysiskt äktenskapsbrott att han har större kärlek till köttsliga nöjen än att älska Gud i sitt hjärta.

Kolosserbrevet 3:5-6 skriver, *"Döda därför era jordiska begär: sexuell omoral, orenhet, lusta, ont begär, och girigheten som är avgudadyrkan. Allt sådant gör att Guds vrede drabbar olydnadens barn."* Detta betyder att om vi inte gör oss av med girighet och olämpliga begär från våra hjärtan kommer vi, även om vi tar emot den Helige Ande, få uppleva Guds mirakler och har tro, älska det som finns i världen mer än Gud.

Vi lärde oss från det andra budordet att andlig tolkning på avgudadyrkan är att älska något mer än Gud. Vad är det då för skillnad mellan "andlig avgudadyrkan" och "andligt äktenskapsbrott"?

Avgudadyrkan är när människor som inte känner Gud skapar någon form av bild och tillber den. Den andliga tolkningen av "avgudadyrkan" är när troende med svag tro älskar sådant som finns i världen mer än Gud.

För en del nya i tron som fortfarande har svag tro är det möjligt att de älskar världen mer än Gud. De kanske kommer med frågor som, "Finns Gud verkligen?" eller "Finns himlen och helvetet verkligen?" Eftersom de fortfarande har tvivel är det svårt för dem att leva efter ordet. De kanske fortfarande älskar pengar, berömmelse eller sina familjer mer än Gud, och på så sätt begår andlig avgudadyrkan.

Men i det att de lyssnar till ordet mer och mer, och när de ber och får uppleva Guds svar på deras böner, börjar de inse att Bibeln är sann. Och då kan de tro att himlen och helvetet verkligen finns. Det kommer leda till att de inser varför de verkligen behöver älska Gud först och främst. Om deras tro växer på det här sättet, och de fortfarande älskar och jagar efter det som finns i världen, då begår de "andligt äktenskapsbrott."

Låt oss ta ett exempel med en man som hade en enkel tanke, "Det vore trevlig att få gifta sig med den där kvinnan" och så gifter sig kvinna med en annan man. Då kan man inte säga att kvinnan begår äktenskapsbrott. Eftersom mannen hade ett önsketänkande och en enkel förälskelse, och kvinnan inte hade någon relation med mannen, kan vi inte säga att hon har begått äktenskapsbrott. För att vara mer exakt, kvinnan var bara en avgud i mannens hjärta.

Men om mannen och kvinnan hade träffats ett tag, bekräftat

sin kärlek för varandra och gift sig, och kvinnan sedan har en omoralisk relation med en annan man, då skulle det vara äktenskapsbrott. På så sätt kan du se att andlig avgudadyrkan och andligt äktenskapsbrott verkar vara likadana, men är i själva verket två skilda saker.

Relationen mellan israeliterna och Gud

Bibeln jämför relationen mellan israeliterna och Gud med relationen mellan en far och hans barn. Relationen kan också jämföras med den mellan en man och hustru. Deras relation liknar alltså ett par som har gått i förbund med varandra utifrån kärlek. Om du däremot ser på Israels historia, finns det många gånger då Israels folk glömde bort detta förbund och tillbad främmande gudar.

Hedningarna tillbad avgudar eftersom de inte kände Gud, men israeliterna tillbad främmande avgudar på grund av sina egna själviska begär, trots att de mycket väl kände Gud från början.

Det är därför 1 Krönikeboken 5:25 säger, *"Men de var otrogna mot sina fäders Gud. I sin trolöshet höll de sig till de gudar som dyrkades av folken i landet, de folk som Gud hade utrotat inför dem"* vilket innebar att israeliternas avgudadyrkan i själva verket var andlig äktenskapsbrott.

Jeremia 3:8 säger, *"Och jag såg att fastän jag hade skilt mig från det avfälliga Israel och givit henne skilsmässobrev för hennes äktenskapsbrotts skull, så skrämdes ändå inte hennes otrogna syster Juda av det, utan gick på samma sätt bort och bedrev otukt."* Som ett resultat på Salomos synd splittrades Israel under hans son Rehabeams regeringstid i nordlandet Israel och sydlandet Juda. Kort efter denna splittring begick nordriket Israel andligt äktenskapsbrott genom att tillbe avgudar, och det ledde till att de blev förskjutna och förgjorda genom Guds vrede. Istället för att omvända sig fortsatte sydriket Juda att tillbe sina avgudar, trots att de såg vad som hade hänt med nordriket Israel.

Alla Guds barn som lever nu i nytestamentlig tid är Jesu Kristi brud. Det är därför som aposteln Paulus tillstod att när det gällde att möta Herren arbetade han hårt för att förbereda de troende som en ren brud åt Kristus, som är deras make (2 Korinterbrevet 11:2).

Om en troende därför kallar Herren för "Min brudgum" men fortsätter att älska världen och leva borta från sanningen, då är det andligt äktenskapsbrott (Jakobs brev 4:4). Om en man eller fru bedrar sin maka eller maka och begår fysiskt äktenskapsbrott är det en fruktansvärd synd som är mycket svår att förlåta. Om någon bedrar Gud och Herren och begår andligt äktenskapsbrott, hur mycket värre skulle inte hans synd då vara?

I Jeremia kapitel 11 kan vi se att Gud säger till Jeremia att han inte ska be för Israel eftersom Israels folk vägrade att sluta med andligt äktenskapsbrott. Han går till och med så långt och säger att även om Israels folk ropade ut till Honom skulle Han inte lyssna på dem.

Om därför allvarlighetsgraden i det andliga äktenskapsbrottet når en viss punkt, kommer personen som begår det inte kunna höra den Helige Andes röst; och oavsett hur mycket han ber, kommer hans bön inte att bli besvarad. När man växer längre bort från Gud blir man mer världslig och det slutar med att man begår allvarliga synder som leder till döden – synder som t ex fysiskt äktenskapsbrott. Som det står i Hebreerbrevet kapitel 6 eller kapitel 10, är detta som att korsfästa Jesus Kristus på nytt, och därför går man på vägen mot döden.

Låt oss därför göra oss av med synderna av att begå äktenskapsbrott i ande, sinne eller kropp, och med en helig vandel uppfylla kvalifikationerna för att bli Herrens brud – fläckfri och utan skrynkla – och leva välsignade liv som ger glädje till Faderns hjärta.

Kapitel 9
Det åttonde budordet

"Du skall inte stjäla"

2 Mosebok 20:15

"Du skall inte stjäla."

Vår lydnad till de tio budorden påverkar vår frälsning och förmåga att övervinna, segra, och styra över fienden djävulens och Satans makt på ett direkt sätt. För israeliterna bekräftade deras lydnad eller olydnad gentemot de tio budorden att de var del av Guds utvalda folk eller inte.

På samma sätt är det för oss som har blivit Guds barn, om vi lyder eller är olydiga mot Guds ord fastställer om vi kommer bli frälsta eller inte. Det beror på att vår lydnad till Guds budord skapar en standard för vår tro. Olydnad mot de tio budorden är därför sammanknutet med vår frälsning, och dessa budord innehåller även Guds gåvor av kärlek och Hans välsignelser till oss.

"Du skall inte stjäla"

Det finns ett gammalt koreanskt ordspråk som säger, "En nål-tjuv blir en ko-tjuv." Det betyder att om någon begår ett litet brott och går ostraffad, och han fortsätter på den negativa banan, kommer han ganska snart begå mycket allvarligare brott med större negativa konsekvenser. Det är därför som Gud varnar oss, "Du skall inte stjäla."

Det här är en berättelse om en man vid namn Fu Pu-ch'i, som blev utnämnd till "Tsze-tsien" eller "Tzu-chien" och en av Konfucius lärjungar, och kommendören av Tan-fu i staten

Lu, under Kinas Chunqui (Vår och sommar) period och De stridande staternas period. Nyheter kom att soldaterna i grannstaten Qi var på väg att attackera, och Fu Pu-ch'i befallde att rikets murar skulle stängas till ordentligt. Det råkade vara skördetid och säden på åkrarna var mogen för skörd. Folket frågade, "Kan vi få skörda säden på åkrarna innan ni stänger murarna, innan fienden anländer?" Trots folkets begäran stängde Fu Pu-ch'i murarna. Då började folket förakta Fu Pu-ch'i och hävdade att han stod på fiendens sida, och det ledde till att han blev kallad till kungen på förhör. När kungen frågade ut honom om hans handlingar svarade Fu Pu-ch'i, "Ja, det är en stor förlust för oss om fienden tar all vår säd, men om vårt folk, i all hast lägger till en ovana av att samla in säd från åkrar som inte tillhör dem, kommer det bli svårt att bryta denna ovana även efter tio år." Med detta svar fick Fu Pu-ch'i stor respekt och beundran från kungen.

Fu Pu-ch'i kunde ha låtit folket samla in säden som de hade begärt, men om de hade lärt sig att man kan ursäkta sin handling av att stjäla från en annans åker, då skulle de varaktiga konsekvenserna vara skadliga för folket och deras rike i det långa loppet. Att "stjäla" är en handling då man gör något på fel sätt med fel motivation; eller tar något som inte tillhör en själv, eller i hemlighet tar över någon annans ägodelar.

Men "stölden" Gud talar om har också en djupare och vidare andlig tolkning. Vad finns då inbäddat i betydelsen "stjäla" i det åttonde budordet?

Att ta någon annans tillhörigheter: den fysiska definitionen av att stjäla

Bibeln har ett uttalat förbud mot stöld och innehåller specifika regler om vad som ska göras när någon stjäl (2 Mosebok 22).

Om ett stulet djur hittas vid liv i tjuvens ägor, måste tjuven betala tillbaka dubbla summan av det han stal till ägaren. Om någon stjäl ett djur och slaktar det eller säljer det, måste han betala tillbaka fem gånger så mycket för oxen och fyra gånger så mycket för fåret till ägaren. Oavsett hur liten sak det handlar om, att ta någon annans ägodel är stöld, som även samhället fastslår är ett brott med specifika straff för.

Förutom självklara fall av stöld finns det fall där människor kan stjäla utan att veta om det. I vårt vardagsliv till exempel kan vi ha för vana att använda andra människors saker utan att fråga och utan att tänka efter särskilt mycket. Vi kanske inte ens känner oss skyldiga när vi har använt något utan tillåtelse eftersom vi antingen står väldigt nära personen eller så var saken vi använde inte särskilt värdefull.

Det är samma sak när vi använder vår maka eller makes saker utan tillåtelse. Även i en oundviklig situation måste vi, om vi använder någons saker utan tillåtelse, så snart vi är färdiga med det, återställa det direkt. Men det kan finnas många gånger att vi inte ens återställer det.

Det här handlar inte bara om att man gör så att någon förlorar något; det är en respektlös handling mot personen. Även om det inte kan anses vara ett allvarligt brott efter samhällets lagar, anser Gud att det är stöld. Om någon verkligen har ett rent samvete och tar något utan tillåtelse – oavsett hur litet eller värdelöst det är – kommer han känna sig skyldig över det.

Även om vi inte stjäl eller tar något med våld har vi fått tag på något som tillhör en annan på ett olämpligt sätt, och det anses fortfarande vara stöld. Att använda ens position eller makt för att få en muta hör också till denna kategori. 2 Mosebok 23:8 varnar, *"Du skall inte ta mutor, ty mutor förblindar de klarsynta och förvränger de rättfärdigas ord."*

Försäljare med ett gott hjärta kommer känna sig skyldig när han sätter ett för högt pris på något för att få mer vinst till sig själv. Även om han inte stjäl någons ägodelar i hemlighet, är det ändå stöld eftersom han tog mer än vad han hade rätt till.

Andlig stöld: Att ta det som tillhör Gud

Förutom "stöld" där man tar något från en annan person utan tillåtelse, finns det "andlig stöld" och det är när du tar från

Gud utan tillåtelse. Det kan faktiskt påverka ens frälsning.

Judas Iskariot, en av Jesu lärjungar, hade ansvar för offergåvorna som människor gav efter att de hade blivit helade eller välsignade av Jesus. Men efter en tid kom girighet in i hans hjärta och han började stjäla (Johannes 12:6).

I Johannes kapitel 12 står det om en kvinna som kommer och häller parfym över Jesus när han är på besök i Simons hus i Betania. När Judas ser henne göra så tillrättavisar han henne och fråga sig varför parfymen inte kunde ha sålts istället och pengarna getts till de fattiga. Om den dyrbara parfymen hade sålts hade han, som ansvarig för penningpungen, kunnat ta av dem för eget bruk, men eftersom den hälldes ut över Jesu fötter, kände han det som att något dyrbart gick till spillo.

Till slut sålde Judas Jesus för trettio silverpenningar eftersom han hade blivit slav till pengar. Trots att han hade möjlighet att få äran att kallas en av Jesu lärjungar, stal han i stället från Gud och sålde sin lärare, och på så sätt lade han synd på synd. Tyvärr kunde han inte ens ta emot anden av omvändelse innan han tog sitt eget liv och mötte sitt eländiga slut (Apostlagärningarna 1:18).

Det är därför vi behöver ta en närmre titt på vad som händer om man stjäl från Gud.

Det första fallet är om någon tar från församlingens kassa.

Om en tjuv som råkar vara en otroende stjäl från församlingen, kommer han känna en viss form av fruktan i sitt hjärta. Men om en troende tar från Guds pengar, hur kan han säga att han ens har tro att ta emot frälsning?

Även om människor aldrig skulle få veta, ser Gud allt och när tiden är inne kommer Han att hålla en rättvis dom, och tjuven kommer få betala priset för sin synd. Om tjuven inte kan omvända sig från sina synder och dör utan att ta emot frälsning, så fruktansvärt det skulle vara! Då finns det inte någon chans, oavsett hur mycket han slår sig själv för bröstet och ångrar sina handlingar, det är för sent. Han skulle aldrig ha rört vid Guds pengar från allra första början.

Det andra fallet är om någon missbrukar församlingens tillhörigheter eller använder församlingens pengar på fel sätt.

Om någon har tagit insamlade medlemsavgifter i missionsgrupper eller andra organisationer för personligt bruk, är det samma sak som att stjäla från Gud, även om man inte har tagit direkt från offret. Det är också stöld om man köper kontorsartiklar och papper för församlingens pengar och använder det för personligt bruk.

Att slösa bort församlingens saker, ta av församlingens pengar för att köpa något som behövs och sedan använda pengarna som blev över för andra ändamål i stället för att ge tillbaka det till församlingen, eller att använda församlingens telefon, elektricitet, utrustning, möbler eller andra saker för personligt bruk utan urskiljning är också en form av missbruk av församlingens pengar.

Vi måste också se till att barnen inte viker eller river sönder offerkuvert, församlingsnyheter eller tidningar för skojs skull. En del tänker att dessa saker är små och obetydliga fel, men på en andlig nivå är det i grunden stöld från Gud, och sådana handlingar kan bygga upp murar av synd mellan oss och Gud.

Det tredje fallet är att stjäla tionde och offer.

I Malaki 3:8-9, står det, *"Får en människa stjäla från Gud? Ändå stjäl ni från mig. Ni säger: 'Vad har vi stulit från dig?' Tionde och offergåvor. Förbannelse har drabbat er, ty ni och hela folket stjäl ifrån mig."*

Tionde är att ge Gud en tiondel av det vi tjänar, som ett bevis på att vi förstår att Han är Herre över all materia och att Han har översikt över våra liv. Det är att stjäla från Gud om vi säger att vi tror på Gud men ändå inte ger vårt tionde, och då kan en förbannelse krypa in i våra liv. Gud kommer inte att förbanna oss. Det betyder att när Satan anklagar oss för det vi har gjort som är fel, kan Gud inte beskydda oss, eftersom vi i själva verket faktiskt bryter Guds andliga lag. Därför kan vi få gå igenom ekonomiska problem, frestelser, plötsliga katastrofer och sjukdomar.

Men som det står i Malaki 3:10, *"För in allt tionde i förrådshuset, så att det finns mat i mitt hus. Pröva mig nu i detta, säger Herren Sebaot, om jag inte kommer att öppna för er himlens fönster och låta välsignelse strömma ut över er i rikt mått."* När vi ger fullt tionde, kan vi få Guds utlovade välsignelser och beskydd.

Sen finns det dem som inte tar emot Guds beskydd för att de inte har givit fullt tionde. Man räknar inte med alla inkomstkällor förutom lönen och räknar ut sitt tionde på nettoinkomsten i stället för på bruttoinkomsten, och efter att ha dragit av alla avdrag och skatter.

Men fullt tionde är att ge Gud tiondelen av vår totala inkomst. Inkomster från sidointäkter, pengagåvor, middagsinbjudningar eller gåvor är sådant vi fått för personligt bruk och därför behöver vi räkna ut en tiondel av värdet på dessa typer av förtjänster och ge fullt tionde av det också.

En del räknar ut sitt tionde men offrar det till Gud på olika sätt, som missionsoffer eller givmildhetsoffer. Men detta är fortfarande stöld inför Gud, eftersom det inte är ett korrekt tiondegivande. Hur församlingen använder offren är upp till församlingens ekonomiavdelning, men det är upp till oss att ge vårt tionde på korrekt sätt och som just tionde.

Vi kan också ge andra offer som t ex tacksamhetsoffer. Guds barn har så mycket att vara tacksamma för. Genom frälsningens gåva kan vi komma till himlen, genom olika uppgifter i församlingen kan vi skörda belöningar i himlen, och medan vi lever här på jorden kan vi få Guds beskydd och välsignelser hela tiden, därför borde vi vara så tacksamma!

Det är därför vi varje söndag kommer inför Gud med olika tacksamhetsoffer och tackar Gud för att Han har beskyddat oss under ytterligare en vecka som har gått. Och på bibliska festligheter eller tillställningar när vi har en särskild orsak att tacka Gud, lägger vi undan ett särskilt offer och offrar upp det till Gud.

I vår relation med andra människor blir vi inte bara tacksamma i våra hjärtan när någon hjälper oss eller ger oss stöd på något särskilt sätt; vi vill ge något till personen som tack. På samma sätt är det helt naturligt att vi vill offra något till Gud för att visa vår uppskattning för att Han har gett oss frälsning och förbereder himlen för oss (Matteus 6:21).

Om någon säger att han har tro men ändå blir surmulen när det handlar om att ge till Gud, betyder det att han fortfarande är girig över materiella ting. Det visar att han älskar materiella ting mer än Gud. Det är därför som Matteus 6:24 säger, *"Ingen kan tjäna två herrar. Antingen kommer han att hata den ene och älska den andre, eller hålla fast vid den ene och förakta den andre. Ni kan inte tjäna både Gud och mammon."*

Om vi är mogna kristna och ändå älskar materiella ägodelar

mer än Gud, då är risken stor att vi blir avfälliga i vår tro än att vi går framåt. Nåden som vi en gång tog emot blir ett avlägset minne, saker att vara tacksamma för krymper, och innan vi vet ordet av, förminskas vår tro så mycket att vår frälsning står på spel.

Gud har behag till väldoften från ett offer som ges av sann tacksamhet och tro. Alla har olika mått av tro, och Gud vet hur var och en har det, och Han ser till varje persons inre hjärta. För Honom handlar det alltså inte om hur mycket eller hur stort offret är. Kom ihåg att Jesus berömde änkan som offrade två mycket små kopparmynt vilket var allt hon hade att leva på (Lukas 21:2-4).

När vi behagar Gud på det här sättet kommer Gud välsigna oss med så många välsignelser och orsaker att vara tacksamma för att de offren vi ger, inte ens kan jämföras med de välsignelser vi får från Honom. Gud ser till att det står väl till med vår själ och Han välsignar oss så att våra liv flödar över med ännu fler orsaker till att vara tacksamma för. Gud välsignar oss trettiofalt, sextiofalt och hundrafalt av de offer vi lyfter upp till Honom.

Så snart jag, efter att jag hade tagit emot Kristus, fick lära mig att vi behöver ge fullt tionde och offer till Gud, började jag lyda omedelbart. Jag hade samlat på mig mycket skulder under de sju åren som jag varit sängliggande i sjukdom, men eftersom jag var så tacksam till Gud som botat mig från alla mina svagheter, offrade jag alltid så mycket jag kunde till Gud. Även fast både min fru och jag arbetade, kunde vi knappt ens betala av räntan på vår skuld. Men ändå gick vi aldrig till gudstjänsten tomhänta.

När vi trodde på den allsmäktige Guden och lydde Hans ord, hjälpte Han oss att betala av vår enorma skuld på bara några få månader. Och under tiden fick vi uppleva hur Gud fortsatte att utgjuta sina oupphörliga välsignelser över oss så att vi kunde leva i överflöd.

Fjärde fallet är att stjäla Guds Ord.

Att stjäla Guds ord betyder att man kommer med en falsk profetia i Guds namn (Jeremia 23:30-32). Det finns t ex människor som stjäl Hans ord genom att säga att de hörde Guds röst och de talar om framtiden som en spåkvinna eller säger till en person som hela tiden misslyckas i sitt företag att "Gud har fått dig att misslyckas i företaget eftersom det är meningen att du ska bli en pastor i stället för att ha ett eget företag."

Det kan också vara att stjäla Guds ord när någon har en dröm eller vision som kommer från hans egna tankar men säger, "Gud gav mig denna dröm" eller "Gud gav mig denna vision." Detta hamnar också i kategorin att missbruka Guds namn.

Det är givetvis gott att förstå Guds vilja genom den Helige Andes verk och proklamera Guds vilja, men för att kunna göra detta korrekt behöver vi kontrollera om vi själva är acceptabla inför Gud. För Gud kommer inte att tala till vem som helst. Han kan bara tala till de som inte har någon ondska i sina hjärtan.

Det är därför vi behöver se till att vi inte på något sätt stjäl Guds ord när vi i själva verket är nedsänkta i våra egna tankar.

Förutom detta är det ett tecken på att vi behöver omvärdera oss själva om vi någonsin känner ett stygn i samvetet, skam eller besvärade. Orsaken till att vi känner ett stygn i våra samveten kan bero på att vi av egna själviska motiv har tagit något som inte tillhör oss själva, och den Helige Ande inom oss sörjer.

Det behöver nödvändigtvis inte vara så att vi har tagit något. Om vi till exempel har lyft lön trots att vi har varit lata på arbetet, eller om vi har sagt ja till en uppgift i församlingen men inte fullgjort den, då borde vi – om vi har ett gott hjärta – känna stygn i samvetet.

Om en person som är överlåten till Gud dessutom slösar bort tid som är avsatt för Gud och gör så att Guds rike förlorar tid, då stjäl han tid. Det är inte bara när det har med Gud att göra som vi måste vara punktliga utan även på arbetsplatser och informella möten, så att vi inte orsakar förlust för andra genom att slösa med deras tid.

Därför behöver vi alltid utvärdera oss själva för att se så att vi inte begår synden av att stjäla på något sätt, och göra oss av med all själviskhet och girighet från våra sinnen och hjärtan. Och med ett rent samvete behöver vi sträva efter att uppnå ett sant och uppriktigt hjärta inför Gud.

Kapitel 10

Det nionde budordet

—⚘⚘—

"Du skall inte bära falskt
vittnesbörd mot din nästa"

2 Mosebok 20:16

"Du skall inte bära falskt vittnesbörd mot din nästa."

Det var natten då Jesus arresterades. Petrus satt ute på översteprästens gård där Jesus blev förhörd och en tjänsteflicka sade till honom, "Du var också med Jesus från Galileen." Petrus svarade överrumplat, "Jag vet inte vad du pratar om" (Matteus 26). Petrus förnekade inte Jesus från djupet av sitt hjärta – han bara ljög av plötslig rädsla som slog emot honom. Direkt efter denna händelse gick Petrus ut och böjde sitt huvud mot marken och grät bittert. När Jesus sedan bar korset upp till Golgata kunde Petrus bara följa efter på avstånd, i skam och oförmögen att lyfta sitt huvud.

Trots att allt detta hände innan Petrus tog emot den Helige Ande, kunde han på grund av sin lögn, inte anse sig värdig att bli korsfäst på samma sätt som Jesus, alltså i upprätt position. Till och med efter att han tagit emot den Helige Ande och överlåtit hela sitt liv till Hans tjänst, var han så skamsen över den gång han hade förnekat Jesus, att han valde frivilligt att bli korsfäst upp och ner.

"Du skall inte bära falskt vittnesbörd mot din nästa"

Av de ord människor talar varje dag finns det en del som är väldigt viktiga medan andra än obetydliga. Vissa ord är meningslösa och andra är onda ord som antingen skadar eller bedrar andra människor.

Lögner är onda ord och ord som avviker från sanningen. Många människor ljuger varje dag, fastän de inte erkänner det, både stora och små lögner. En del säger stolt "Jag ljuger inte", men innan de vet ordet av det står de ändå omedvetet på ett berg av lögner. Smuts, skräp och oreda kan döljas i mörkret. Men om en ljusstråle strålar in i ett rum, syns till och med små spår av damm och fläckar tydligt. Gud, som är sanningen själv, är som ljuset; och Han ser att många människor ljuger hela tiden.

Det är därför Gud säger till oss i det nionde budordet att vi inte ska bära falskt vittnesbörd mot vår nästa. Här handlar vår "nästa" om föräldrar, syskon, barn – alla som inte är dig själv. Låt oss undersöka hur Gud definierar "falskt vittnesbörd" på tre sätt.

För det första, "Att bära falskt vittnesbörd" betyder att man talar om sin nästa på ett sätt som inte är sanningsenligt.

Vi kan se hur hemskt det kan vara när någon bär falskt vittnesbörd när vi t ex bevittnar en rättegång. Eftersom vittnesmålet från vittnet direkt påverkar domsutslaget, kan en liten förvanskning orsaka stor olycka för en oskyldig person, och det kan röra sig om liv eller död för honom.

För att förebygga missbruk av vittnespositionen eller

felbehandling på grund av falska vittnesmål, befallde Gud att domare ska lyssna på många olika vittnen för att på ett korrekt sätt kunna förstå alla aspekter av fallet så att de kan göra visa och rätta domslut. Det är därför Han befaller dem som vittnar och de som dömer att de ska göra det med noggrannhet och försiktighet.

I 5 Mosebok 19:15 säger Gud, *"Det är inte nog om bara ett vittne träder upp mot någon som anklagas för ett brott eller en synd, vilken synd han än kan ha begått. Efter två eller tre vittnens utsago skall var sak avgöras."* Han fortsätter med att säga i verserna 16-20 att, *"Om vittnet visar sig vara ett falskt vittne som burit falskt vittnesbörd mot sin broder"* då ska han få straffet som han ville vålla den andra.

Förutom allvarliga fall som när någon orsakar en stor förlust för en annan person, finns det många andra fall där människor i vardagen säger små lögner här och där om sin nästa. Även om man inte ljuger om sin nästa kan det anses vara falskt vittnesbörd, om man inte avslöjar hela sanningen i en situation där man borde tala ut i försvar för sin nästa.

Om en annan person har fått skulden för något fel som vi har gjort, och vi inte erkänner av rädsla för att hamna i problem själva, hur kan vi då ha ett rent samvete? Ja, Gud befaller oss att vi inte ska ljuga, men Han befaller oss också att ha ärliga hjärtan så att våra ord och handlingar även reflekterar integritet och sanning.

Vad tycker då Gud om "små vita lögner" som vi säger för att trösta någon eller för att få någon att må bättre?

Vi kanske t ex hälsar på en vän och han frågar, "Har du ätit?" Och fast vi inte har ätit, svarar vi, "Ja, det har jag", för att inte vara till besvär för honom. Men om vi i stället skulle säga, "Nej, jag har inte ätit, men jag vill inte ha något att äta just nu" hade det ändå varit att säga sanningen.

Det finns exempel på "vita små lögner" även i Bibeln.

I 2 Mosebok kapitel 1 finns det en berättelse om kungen i Egypten som blir nervös över att Israels barn har blivit så många, och han ger en specifik order till de hebreiska barnmorskorna. Han säger, *"Se efter vad de hebreiska kvinnorna föder, när ni förlöser dem: Om det är en son så döda honom, om det är en dotter så låt henne leva"* (v. 16).

Men de gudfruktiga hebreiska barnmorskorna lyssnade inte på kungen i Egypten utan lät gossebarnen leva. När kungen kallade på barnmorskorna och frågade, "Varför har ni gjort så här och låtit gossebarnen leva?" svarade de, "Eftersom de hebreiska kvinnorna inte är som egyptiska kvinnor; för de är starka och har redan fött innan barnmorskorna kommer till dem."

Och när Israels första kung, kung Saul, blev svartsjuk på David och försökte döda honom eftersom folket älskade David mer än honom, lurade hans son Jonatan honom för att kunna rädda Davids liv.

I det här fallen har personerna ljugit enbart för att rädda en annan, helt och hållet utifrån den goda viljan och inte utifrån egna själviska motiv, och då kommer Gud inte automatiskt att tillrättavisa dem och säga "Du ljög." Precis som Han gjorde med de hebreiska barnmorskorna, kommer Han att visa sin nåd mot dem, eftersom de försökte rädda liv utifrån goda avsikter. Men, när människan når en viss nivå av fullständig godhet, kommer man kunna beröra motståndarens hjärta utan att behöva komma med en "liten vit lögn."

För det andra, att lägga till ord eller dra ifrån på något sätt när man förmedlar ett budskap är en annan form av att bära falskt vittnesbörd.

Så kan det vara när du för vidare ett budskap om någon på ett sätt som skiljer sig från sanningen – kanske för att du lade till dina egna tankar eller känslor, eller utelämnade vissa ord. När någon berättar något för en, lyssnar de flesta människor med subjektiva öron, så hur de tar emot informationen beror till stor del på deras känslor och tidigare erfarenheter. När viss information förs vidare från en till en annan är det lätt hänt att budskapet som talaren gav kan gå förlorat.

Men även om varje ord – med interpunktion och allt – förs vidare på ett korrekt sätt, kommer budbärarens betoningar eller tyngd till ett specifikt ord göra så att betydelsen oundvikligen förändras. Det är till exempel en stor skillnad mellan att kärleksfullt fråga sin vän "Varför?" och med elakt ansiktsuttryck skriker "Varför?!" till sin fiende.

Därför måste vi försöka förstå vad den andre säger när vi lyssnar på någon, utan att lägga till egna personliga känslor till deras budskap. Samma regel tillämpas när vi ska återge till andra. Vi behöver göra vårt allra bästa för att på ett korrekt sätt återge talarens budskap – hans tänkta budskap och allt.

Om det skulle vara så att innehållet i budskapet inte är sanningsenligt eller möjligen inte kommer vara till hjälp för lyssnare, då är det bättre att inte för vidare budskapet – även om vi skulle kunna förmedla det på ett korrekt sätt. För att även om vi för det vidare med goda avsikter, kan den mottagande parten bli sårad eller förolämpad; och om det händer, då kanske vi rör upp osämja mellan människor.

I Matteus 12:36-37 står det, *"Varje onyttigt ord som människor talar ska de få svara för på domens dag. Efter dina ord ska du frias, och efter dina ord ska du fällas."* Därför behöver vi avhålla oss från att tala ord som inte stämmer med Herrens sanning eller kärlek. Så här ska vi också göra när vi lyssnar till ord.

För det tredje, att döma och kritisera andra utan att egentligen förstå deras hjärtan är också en form av att bära

falskt vittnesbörd mot ens nästa.

Ganska ofta händer det att människor kommer med dömande uttalande om någons hjärta eller avsikter bara genom att se på hur han uttrycker sig eller handlar, och använder sina egna tankar och känslor för att göra så. De kanske säger, "Den personen sade förmodligen så med tanke på..." eller så säger de, "Han gjorde vad han gjorde på grund av det här."

Tänk dig att en ung arbetare gör något mindre trevligt tillsammans med sin chef eftersom han var nervös på det nya jobbet. Hans chef kanske tänker, "den där nya killen verkar inte trivas med mig. Kanske det beror på att jag gav honom lite kritik häromdagen." Det hela är ett missförstånd som chefen har format utifrån sina egna förutsättningar. I ett annat fall kanske någon går förbi sin vän utan att inse att hans vän var där, kanske för att han har dålig syn eller var djupt försjunken i sina tankar. Vännen hade kunnat tänka, "Han beter sig som om han inte ens kände mig! Jag undrar om han är arg på mig."

Och om någon annan var i exakt samma situation, kanske han uppvisar en annan reaktion. Alla har olika tankar och känslor, vilket gör att alla reagerar olika på olika situationer. Om alla fick gå igenom samma svårighet kommer alla ha olika nivåer av styrka att övervinna det. Det är därför som vi aldrig ska döma någon som har det jobbigt utifrån vår egen standard eller smärttröskel och tänka, "Varför gör han en sån stor sak av det hela?" Det är inte lätt att kunna förstå någons hjärta helt och hållet – även om du verkligen älskar honom och har en nära relation till honom.

Det finns dessutom så många olika sätt som människor kan missbedöma och missuppfatta varandra, bli besvikna på andra, och till slut fördöma dem... allt på grund av att de dömer andra utifrån deras egen standard. Om vi, baserat på vår egen standard, dömer någon annan och tänker att han har en speciell intention i sitt hjärta även om han egentligen inte har det, och vi sedan talar negativt om honom, bär vi falskt vittnesbörd mot honom. Och om vi sitter kvar och lyssnar på någon som talar sådan osanning och bidrar till att döma och fördöma en särskild person, begår vi på nytt synden av att bära falskt vittnesbörd mot vår nästa.

De flesta tror att bara för att de reagerade på ett ont sätt i en viss situation, då kommer andra göra samma sak i samma situation. Eftersom de har ett bedrägligt hjärta tror de att andra också har bedrägliga hjärtan. Om de ser en särskild situation eller något hända och tänker onda tankar, tror de "Jag slår vad om att den personen också har onda tankar." Och eftersom de själva ser ner på andra tänker de, "Den personen ser ner på mig. Han är självupptagen."

Det är därför det står i Jakobs brev 4:11, *"Förtala inte varandra, bröder. Den som förtalar sin broder eller dömer sin broder förtalar och dömer lagen. Men om du dömer lagen är du inte lagens görare, utan dess domare."* Om någon dömer eller förtalar sin nästa betyder det att han är stolt, och att han egentligen skulle vijla vara som Gud Domaren.

Och det är viktigt att veta att om vi talar om andra människors svagheter och dömer dem, begår vi en synd som är mycket ondare. Matteus 7:1-5 säger, *"Döm inte, så blir ni inte dömda. Med den dom ni dömer med ska ni dömas, och med det mått ni mäter med ska det mätas upp åt er. Varför ser du flisan i din broders öga men märker inte bjälken i ditt eget öga? Och hur kan du säga till din broder: Låt mig ta bort flisan ur ditt öga, när du har en bjälke i ditt eget öga? Hycklare, ta först bort bjälken ur ditt eget öga, så ser du klart nog för att ta ut flisan ur din broders öga."*

En sak till vi behöver vara väldigt försiktiga med är att döma Guds ord baserat på våra egna tankar. Det som är omöjligt för människan är möjligt för Gud, så när det har med Guds ord att göra ska vi aldrig säga "Det är fel."

Ljuga genom att överdriva eller reducera sanningen

Varje dag händer det att människor överdriver eller reducerar sanningen, utan onda avsikter. Om någon åt mycket mat kanske vi säger, "Han åt upp allt." Och när det bara är lite mat kvar kanske vi säger, "Det finns inte en smula kvar!" Det finns till och med tillfällen då vi efter att ha talat med bara tre eller fyra personer och kommit överens om något, och vi säger "Alla håller med."

Vad många alltså inte anser vara en lögn är i själva verket en lögn. Det finns till och med tillfällen då vi talar om en situation där vi inte egentligen vet alla fakta, och det leder till att vi ljuger.

Låt oss till exempel säga att någon frågar hur många anställda ett visst företag har och vi svarar, "Det är så här många" och när vi sedan räknar inser vi att antalet i själva verket är ett annat. Även om vi inte ljög avsiktligt var det ändå en lögn, eftersom det inte var sanningen. I det här fallet hade det varit bättre att svara "Jag vet inte exakt, men jag tror att det är så här många", på den frågan.

Det är givetvis så att vi i dessa fall inte avsiktligt försöker ljuga med onda motiv, eller dömer andra med onda hjärtan. Men om vi märker minsta tecken på sådana tankar eller handlingar är det en bra idé att ta itu med roten på problemet. En person vars hjärta är fyllt med sanningen kommer inte lägga till något eller dra ifrån något från sanningen, oavsett hur liten saken är.

En väldigt sann och ärlig person kan ta emot sanningen som sanning, och lita på att sanningen är sann. Om något därför är väldigt litet och oviktigt, om vi ser att vi pratar om det med minsta vinkling, då behöver vi veta att det visar att våra hjärtan inte är fulla av sanningen helt än. Och om vårt hjärta inte är fullständigt fyllt med sanningen, betyder det att när en livshotande situation dyker upp, kommer vi vara kapabla att skada någon annan genom att ljuga om dem.

Som det står i 1 Petrusbrevet 4:11, *"Om någon talar ska han tala i enlighet med Guds ord"* ska vi försöka att inte ljuga eller skämta genom att använda osanna ord. Oavsett vad vi säger, ska vi alltid tala sanningsenligt, som om vi talade Guds egna ord. Och vi kan göra det genom att be ivrigt och ta emot den Helige Andes ledning.

Kapitel 11
Det tionde budordet

———— ⋙⋘ ————

"Du skall inte ha begär till din nästas hus"

2 Mosebok 20:17

"Du skall inte ha begär till din nästas hus. Du skall inte ha begär till din nästas hustru, inte heller till hans tjänare eller tjänarinna, hans oxe eller hans åsna eller något annat som tillhör din nästa."

Känner du till sagan om gåsen som värpte gyllene ägg, en av Aesops berömda sagor? Det var en gång en bonde som i en liten by. Han ägde en underlig gås. Medan han funderade på vad han skulle göra med gåsen hände något mycket förvånande. Varje morgon värpte gåsen ett gyllene ägg. En dag tänkte bonden, "Det måste finnas många ägg inuti den där gåsen." Och plötsligt blev bonden självisk och ville ha så mycket guld att han blev rik omedelbart, istället för att vara tvungen att vänta varje dag på ett nytt guldägg.

Och när hans girighet blev för stor dödade han gåsen och skar upp den, bara för att upptäcka att det inte fanns något guld inuti gåsen. I den stunden insåg bonden sitt misstag och ångrade sig, men det var för sent.

Som bonden har en person med girighet inga begränsningar. Det spelar ingen roll hur många floder som rinner ut i havet – havet blir ändå inte överfyllt. Så är det med människans girighet. Oavsett hur mycket man äger, finns det ingen fullständig tillfredsställelse. Vi ser det här varje dag. När någons girighet blir så stor, känner han sig inte bara otillfredsställd med vad han har, han får också begär till vad andra har och försöker ta det, även om det innebär fräcka metoder. Det leder till att han begår en allvarlig synd.

"Du skall inte ha begär till din nästas hus"

Att "ha begär" till något betyder att man vill ha något som inte tillhör en själv och sedan försöker få andras ägodelar på felaktigt sätt; eller att man i sitt hjärta har begär till allt det köttsliga som finns i världen.

De flesta brotten startar med ett hjärta som begär. Begär kan få människor att ljuga, stjäla, råna, bedra, förskingra, mörda och begå alla andra slags brott. Det finns också fall där människor inte bara har begär efter materiella ting, utan också position och berömmelse.

På grund av hjärtan fyllda av begär kan relationer mellan syskon, föräldrar och barn, och till och med man och hustru bli fientlig. En del familjer blir fiender i stället för att leva lyckliga liv i sanningen, människor blir svartsjuka och avundsjuka på de som har mer än de själva.

Det är därför som Gud genom det tionde budordet varnar oss för begär, vilket föder synd. Gud vill dessutom att vi ska tänka på sådant som är där ovan (Kolosserbrevet 3:2). Bara när vi söker evigt liv och fyller våra hjärtan med hoppet om himlen kan vi finna sann tillfredsställelse och lycka. Bara då kan vi göra oss av med begäret. Lukas 12:15 säger, *"Se till att ni aktar er för all slags girighet, för livet handlar inte om att ha överflöd på ägodelar."* Som Jesus säger, bara när vi gör oss av med allt begär kan vi hålla oss borta från att synda och därför ha evigt liv.

Processen genom vilken begär blir till synd

Hur går det då till när begär förvandlas till en syndfull handling? Låt oss säga att du är på besök i ett extremt välbärgat hus. Huset är gjort av marmor och är enormt stort. Huset är också fyllt med allt lyx man kan tänka sig. Det är tillräckligt för att få någon att säga, "Det här huset är fantastiskt. Det är fullkomligt vackert!"

Men många skulle inte stanna vid den kommentaren. De skulle fortsätta tänka, "Jag önskar att jag hade ett sådant hus. Jag önskar att jag också kunde vara så rik som den personen...." Sanna troende kommer givetvis inte låta denna tanke utvecklas till en tanke av att vilja stjäla. Men genom en sådan tanke, "Jag önskar att jag också hade det" kan girighet komma in i hjärtat.

Och om girighet kommer in i hjärtat är det bara en tidsfråga innan begår en synd. Det står i Jakobs brev 1:15, *"När sedan begäret har blivit havande föder det synd, och när synden är fullmogen föder den död."* Det finns en del troende som, intagna av detta begär eller girighet, hamnar i att begå ett brott.

I Josua kapitel 7 läser vi om Akan, som på grund av att han var intagen av den här typen av girighet, straffas med döden. Josua var, som ledare efter Mose, på väg att inta landet Kanaan.

160 · Guds lag

Israeliterna hade just belägrat Jeriko. Josua varnar sitt folk att allt som de får med sig från Jeriko tillhör Gud, så ingen ska ta något av det för eget bruk.

Men när Akan såg en dyrbar rock och en del silver och guld fick han begär till det och gömde det hastigt till sig själv. Eftersom Josua inte visste om detta, fortsatte han till nästa stad för att besegra den, och det var staden Ai. Eftersom Ai var en liten stad, såg israeliterna det som ett väldigt lätt slag. Men de blev väldigt förvirrade när de förlorade. Då sade Gud till Josua att det berodde på Akans synd. Det ledde till att inte bara Akan, utan hela hans familj – och till och med hans boskap – var tvungna att dö.

I 2 Kungaboken, kapitel 5, kan vi läsa om Gehasi, Elisas tjänare, som fick spetälska eftersom han hade haft begär till något han inte skulle ha. Generalen Naaman hade tvättat sig i floden Jordan sju gånger för att bli ren från sin spetälska, som Elisa hade sagt till honom. När han hade blivit botad ville han ge gåvor till Elisa som uppskattning. Men Elisa vägrade att ta emot något.

När general Naaman var på väg hem till sitt land, sprang Gehasi efter honom, som om Elisa hade sänt honom, och bad om att få lite av gåvorna. Han tog gåvorna och gömde dem. När han kom tillbaka till Elisa försökte han till och med lura honom, trots att Elisa visste vad han hade gjort redan från början. Och Gehasi fick den spetälska som Naaman hade haft.

Samma sak hände med Ananias och hans fru Safira i Apostlagärningarna, kapitel fem. De sålde en bit mark och lovade att offra pengarna de fick från den till Gud. Men när de väl hade pengarna i handen, förändrades deras hjärtan, och de lade undan en del av pengarna för sig själva och förde fram resten inför apostlarna. I begär efter pengarna försökte de lura apostlarna. Men att lura apostlarna är det samma som att lura den Helige Ande, så direkt lämnade deras själar dem, och de dog båda där och då.

Hjärtan med begär leder till döden

Att ha begär till något är en stor synd som slutligen leder till döden. Därför är det oerhört viktigt för oss att göra oss av med allt begär från våra hjärtan, likväl som frestelser och girighet som får oss att vilja ha det som finns i världen. Vad spelar det för roll om du får allt du vill ha i hela världen men förlorar ditt liv?

Och sanningen är den att trots att du inte kanske har alla rikedomar i världen, är du verkligen en rik person om du tror på Herren och har sant liv. Som vi lär oss från liknelsen av den rike mannen och tiggaren Lasarus i Lukas kapitel 16, är sann välsignelse att ta emot frälsning efter att ha gjort oss av med begär från hjärtat.

Den rike mannen som inte hade någon tro på Gud och inget hopp om himlen levde ett liv i lyx – med fina kläder, tillfredsställd i sin världsliga girighet och roade sig med fester. Men tiggaren Lasarus låg och tiggde vid den rike mannens port. Hans liv hade väldigt låg status; till och med hundarna kom och slickade såren på hans kropp. Men mitt i sitt hjärta prisade han Gud och hade alltid hoppet om himlen. Till slut dog både den rike mannen och Lasarus. Tiggare Lasarus togs av änglarna till Abrahams sida, men den rike mannen hamnade i Graven, där han plågades svårt. Eftersom han på grund av ångesten och elden var så törstig, önskade den rike mannen att få en droppe vatten, men inte ens den önskan kunde beviljas.

Tänk om den rike mannen hade fått en andra chans att leva här på jorden? Han hade förmodligen valt att ta emot evigt liv i himlen, även om det hade inneburit att han skulle ha levt ett fattigt liv här. Och för den som lever ett liv i stora behov här, som Lasarus, om han bara lär sig att frukta Gud och lever i Hans ljus, kan han också ta emot välsignelserna av materiell förmögenhet medan han lever här på jorden.

Efter att hans fru Sara hade dött, ville Abraham, trons fader, köpa en grotta i Makpela för att begrava sin fru där. Ägaren till grottan sa att han kunde få den, men Abraham vägrade att ta emot den gratis, och betalade fullt pris för den. Han gjorde det för att han inte ens hade ett spår av begär i sitt hjärta. Om det inte tillhörde honom, tänkte han inte ens på att äga det (1 Mosebok 23:9-19).

Abraham älskade dessutom Gud och lydde Hans ord; levde ett liv i ärlighet och integritet. Det var därför som Abraham under hela sitt liv här på jorden, inte bara fick materiell rikedom, utan också välsignelsen av ett långt liv, berömmelse, makt, efterkommande, med mera. Han tog till och med emot den andliga välsignelsen av att kallas "Guds vän."

Andliga välsignelser övergår alla materiella välsignelser

Det händer att människor nyfiket frågar, "Den personen ser ut som en god troende. Hur kommer det sig att det ser ut som att han inte har fått ta emot särskilt många välsignelser?" Om personen var en sann Kristi efterföljare som levde varje dag med sann tro, skulle vi se Gud välsigna honom med allt det bästa.

Som det står i 3 Johannes 1:2, *"Älskade broder, jag hoppas att det går väl för dig på alla sätt och att du är frisk, liksom det är väl med din själ"* välsignar Gud oss så att det står väl till med vår själ innan allt annat blir bra. Om vi lever som Guds heliga barn, gör oss av med all ondska från våra hjärtan och lyder Hans befallningar, kommer Gud välsigna oss så att allt kommer att stå väl till med oss, inklusive vår hälsa.

Men om någon – vars själ det inte står väl till med – ser ut som att han tar emot massor av materiella välsignelser, kan vi inte säga att det är en välsignelse från Gud. I det fallet kan hans rikedomar i själva verket få honom att bli girig. Hans girighet kan föda synd, och det kan leda till att han till slut avfaller från Gud.

När det är svårt kan människor förlita sig på Gud med ett rent hjärta och tjäna Honom noggrant med kärlek. Men alltför ofta händer det när någon har tagit emot materiella välsignelser i deras företag eller på arbetsplatsen, att deras hjärtan börjar längta efter mer av det som finns i världen och de kommer med ursäkter att de nu är så upptagna, och de får ett större avstånd till Gud. När deras vinst eller förtjänst är låg, ger de tiondet helhjärtat av tacksamhet, men när de börjar tjäna mer, och deras tionde också borde öka, är det lätt att deras hjärtan skakas. Om våra hjärtan förändras så här, och vi får ett större och större avstånd till Guds ord och till slut blir som de i den sekulära världen, då har de välsignelser vi tagit emot i själva verket varit till vår olycka.

Men de vars själ har framgång kommer inte ha begär till sådant som finns i den här världen, och även om de får välsignelser av ära och lycka från Gud, kommer de inte bli giriga efter mer. Och de kommer inte klaga eller knota bara för att de inte har allt det goda i den här världen; eftersom de kommer vara villiga att offra upp allt de har – till och med sina liv – till Gud.

Människor vars själ mår bra, kommer vaka över sin tro och tjäna Gud oavsett hur det ser ut runt omkring dem, och använda de välsignelser de fått från Gud enbart för Hans rike och ära.

Och eftersom människor med en framgångsrik själ inte har den minsta tendens att jaga efter världsliga nöjen, eller att leta efter det senaste eller vandra på dödens väg, kommer Gud välsigna dem på ett överflödande sätt, och till och med ännu mer.

Det är därför som andliga välsignelser är mycket viktigare än den här världens fysiska välsignelser som bleknar som dimman. Och över allt annat, vi måste ta emot andliga välsignelser först och främst.

Vi ska aldrig söka Guds välsignelser för att tillfredsställa världsliga begär

Även om vi ännu inte har tagit emot de andliga välsignelserna av att det står väl till med vår själ, om vi vandrar på den rättfärdiga vägen och söker Gud med tro, kommer Han att fylla oss när tiden är inne. Människor ber om att saker ska hända nu; men det finns en tid och säsong för allt under himlen, och Gud vet den bästa tiden. Det finns tider då Gud låter oss vänta så att Han kan ge oss ännu större välsignelser.

Om vi ber Gud om något utifrån sann tro, då kommer vi ta emot kraften att be hela tiden till dess vi får svar. Men om vi ber Gud om något utifrån köttsliga begär, spelar det ingen roll hur mycket vi ber, vi kommer inte få den riktiga tro som krävs för att få, och vi kommer inte få svar från Honom.

Jakobs brev 4:2-3 säger, *"Ni vill ha men får inget, ni mördar och avundas men vinner inget. Ni kämpar och strider men har inget, därför att ni inte ber. Ni ber men får inget, därför att ni ber illa – för att slösa bort det på era njutningar."* Gud kan inte svara oss när vi ber om något för att tillfredsställa våra världsliga begär. Om en ung student ber sina föräldrar om pengar för att köpa något han inte borde köpa, då kommer hans föräldrar inte att ge honom pengarna.

Det är därför vi inte borde be och söka något utefter våra egna tankar, utan i stället, med den Helige Andes kraft, söka om sådant som är i linje med Guds vilja (Judas brev 1:2). Den Helige Ande känner Guds hjärta och Han kan förstå Guds djup; därför kan du, om du litar på den Helige Andes ledning under bön, snabbt ta emot Guds svar på varje bön du ber.

Hur kan vi då göra för att lita på den Helige Andes ledning och be i enlighet med Guds vilja?

För det första behöver vi beväpna oss själva med Guds ord, och tillämpa Hans ord i våra liv, så att våra hjärtan kan bli lika Kristus Jesus. Om vi har ett hjärta som Kristus, kommer vi automatiskt att be i enlighet med Guds vilja, och vi kan snabbt ta emot svar på alla våra böner. Det beror på att den Helige Ande, som känner Guds hjärta, kommer vaka över våra hjärtan så att vi kan be om sådant vi verkligen behöver.

Precis som det står i Matteus 6:33, *"Nej, sök först Guds rike och hans rättfärdighet, så ska ni få allt det andra också"* – sök

Det tionde budordet · 167

Gud och Hans rike först, sedan kan du be om vad du behöver.
Om du ber och söker Guds vilja först, kommer du få uppleva att
Gud utgjuter sina välsignelser över ditt liv så att din bägare rinner
över med allt du behöver här på jorden, och mer därtill.

Det är därför vi behöver fortsätta att lyfta upp sanna och
helhjärtade böner till Gud. När du varje dag lagrar kraftfulla
böner med den Helige Andes ledning kommer syndfull natur
som är fylld av begär kunna kastas ut från ditt hjärta för gott,
och du kommer ta emot allt vad du ber om.

Aposteln Paulus var medborgare i det Romerska imperiet
och hade studerat under Gamaliel, den bästa och mest kända
skriftlärde på den tiden. Men Paulus var inte intresserad av det
som hade med den här världen att göra. För Kristi skull ansåg
han att allt han hade var skräp. Som Paulus måste det vi behöver
älska och längta efter Jesu Kristi undervisning, eller sanningens
ord.

Om vi vinner hela världens rikedom, ära, makt osv, och vi
inte har evigt liv, vad är det då för bra med allt detta? Men om
vi, som aposteln Paulus, lämnar alla rikedomar i världen bakom
oss och lever ett liv i Guds vilja, då kommer Gud välsigna oss så
att det står väl till med vår själ. Då kommer vi bli kallade "stora" i
himlen, och bli framgångsrika på alla områden av våra liv här på
jorden också.

Därför ber jag att ni ska kunna göra er av med all girighet

och begär från era hjärtan och era liv, medan ni uthålligt söker efter tillfredsställelse i det ni redan har, i det att ni bevarar ert hopp om himlen. Då vet jag att ni alltid kommer att leva ett liv i överflödande tacksamhet och glädje.

Kapitel 12

Lagen om att förbli i Gud

Ordspråksboken 8:17

"Jag älskar dem som älskar mig, och de som söker mig, de finner mig."

I Matteus kapitel 22 finns en berättelse där en av fariséerna frågar Jesus vilket som är det största budet i lagen. Jesus svarade, *"Du ska älska Herren din Gud av hela ditt hjärta och av hela din själ och av hela ditt förstånd. Det är det största och första budet. Sedan kommer ett som liknar det: Du ska älska din nästa som dig själv. På dessa två bud hänger hela lagen och profeterna"* (Matteus 22:37-40).

Detta betyder att om vi älskar Gud med hela vårt hjärta och med hela vår själ och med hela vårt förstånd och vi älskar vår nästa som oss själva, då kommer vi lätt att kunna lyda alla andra bud också.

Om vi verkligen älskar Gud, hur skulle vi då kunna begå synder som Gud hatar? Och om vi älskar vår nästa som oss själva, hur kan vi då göra något ont mot dem?

Varför Gud gav oss sina budord

Varför gick då Gud igenom besväret att ge oss alla de tio budorden, i stället för att bara säga "Älska din Gud och älska din nästa som dig själv?"

Det beror på att under det Gamla testamentets tid, innan den Helige Andes tidsålder, var svårt för människor att älska Gud från sina hjärtan och också utifrån deras egen vilja. Genom de tio budorden, vilka gav israeliterna tillräckligt med upprätthållande av lag och ordning för att lyda Honom, ledde Gud dem till att älska och vörda Honom, likväl som att älska deras nästa i handling.

Så här långt har vi tittat närmare på alla budord för sig, men låt oss nu se på budorden som två stora grupper; kärlek till Gud, och kärlek till vår nästa.

Budorden 1 till 4 kan summeras i, "Älska Herren din Gud med hela ditt hjärta och med hela din själ och med hela ditt förstånd." Att tjäna Gud Skaparen och bara Honom, att inte göra någon falsk avgud eller tillbe den, vara försiktig och inte missbruka Guds namn, och att hålla sabbatsdagen helig är sätt vi älskar Gud på.

Budord 5 till 10 kan summeras i, "Älska din nästa som dig själv." Att hedra sina föräldrar, varna för mord, stöld, att bära falskt vittnesbörd, ha begär osv, är sätt som vi kan förebygga onda handlingar mot varandra, eller vår nästa. Om vi älskar vår nästa som oss själva, skulle vi inte vilja att de ska gå igenom smärta, och därför borde vi kunna lyda dessa budord.

Vi måste älska Gud från vårt hjärtas centrum

Gud tvingar oss inte att lyda Hans budord. Han leder oss att lyda dem utifrån vår egen kärlek till Honom.

Det står skrivet i Romarbrevet 5:8, *"Men Gud bevisar sin kärlek till oss genom att Kristus dog för oss medan vi ännu var syndare."* Gud visade sin stora kärlek för oss, först.

Det är svårt att finna någon som är villig att dö för någon som är god eller rättfärdig, eller till och med en nära vän, men Gud sände sin ende Son Jesus Kristus för att dö i syndares ställe för att befria dem från förbannelsen de var under i enlighet med Lagen. Gud visade oss på så sätt en kärlek som övergår domen.

Som det står i Romarbrevet 5:5, *"Och hoppet sviker oss inte, för Guds kärlek är utgjuten i våra hjärtan genom den helige Ande som han har gett oss"*, ger Gud oss den Helige Ande som en gåva till alla sina barn som tar emot Jesus Kristus, så att de kan förstå Guds kärlek helt och hållet.

Det är därför de som är frälsta av tro och döpta i vatten och i den Helige Ande kan älska Gud inte bara med sitt förstånd, utan i sanning från deras hjärtans centrum, låta dem förbli i Hans befallningar utifrån sann kärlek till Honom.

Guds ursprungliga vilja

Gud skapade människan för att Han längtade efter att få sanna barn som Han kunde älska, och som kunde älska Honom tillbaka, utifrån sin egen fria vilja. Men om någon lyder alla Guds bud men inte älskar Gud, hur kan vi då säga att han är ett sant

Guds barn?

En lejd arbetare som arbetar för lön kan inte ärva sin chefs företag, men chefens barn, som är helt annorlunda än den lejda arbetaren, kan ärva företaget. På samma sätt kan alla som lyder Guds befallningar ta emot alla Hans utlovade välsignelser, men om de inte förstår Guds kärlek, kan de inte bli sanna Guds barn.

Därför kan den som förstår Guds kärlek och förblir i Hans bud ärva himlen och leva på den allra vackraste platsen i himlen som ett sant Guds barn. Och boendes vid Faderns sida, kan han leva i härlighet stark som solen, för evigt.

Gud vill att alla människor som har tagit emot frälsningen genom Jesu Kristi blod och som älskar Honom från sitt hjärtas centrum att bo med Honom i Nya Jerusalem där Hans tron är, och dela Hans kärlek med Honom för evigt. Det är därför Jesus sade i Matteus 5:17, *"Tro inte att jag har kommit för att upphäva lagen eller profeterna. Jag har inte kommit för att upphäva utan för att uppfylla."*

Bevis på hur mycket vi älskar Gud

Bara genom att förstå den riktiga orsaken till varför Gud gav oss sina befallningar kan vi uppfylla Lagen, genom den kärlek vi har för Gud. Eftersom vi har budorden, eller lagen, kan vi fysiskt visa "kärlek", vilket är ett abstrakt begrepp som är svårt att se med det fysiska ögat.

Om någon säger, "Gud, jag älskar dig av hela mitt hjärta, så snälla, välsigna mig", hur kan rättvisans Gud bekräfta deras uttalande, om det inte finns någon standard som man kan kontrollera det mot, innan Han välsignar dem? Eftersom vi har en standard, budorden eller Lagen, kan vi se om de verkligen älskar Gud av hela sitt hjärta. Om de med sina läppar säger att de älskar Gud, men inte håller sabbatsdagen helig som Gud har befallt oss att göra, då kan vi se att de inte riktigt älskar Gud.

Därför är Guds budord en standard som vi kan använda för att kontrollera oss själva, eller använda som bevis, på att vi älskar Gud.

Det är därför det står i 1 Johannes brev 5:3, *"Detta är kärleken till Gud: att vi håller hans bud. Och hans bud är inte tunga."*

Jag älskar dem som älskar mig

Välsignelserna vi tar emot från Gud som resultat på lydnaden till Hans befallningar är välsignelser som inte försvinner eller bleknar bort.

Vad hände med Daniel till exempel, som behagade Gud

eftersom han hade sann tro och aldrig kompromissade med världen? Daniel kom ursprungligen från Juda stam, och var av kunglig släkt. Men när sydriket Juda hade syndat mot Gud invaderade kung Nebukadnessar från Babylon nationen år 605 f Kr. På den tiden var Daniel mycket ung, och han togs som fånge till Babylonien.

I enlighet med kungens integrationspolicy blev Daniel och några andra unga män som också var fångar, utvalda att bo i Nebukadnessars palats och få undervisning i kaldeisk kultur under tre år.

Under denna tid bad Daniel om att inte behöva äta den mat och dricka det vin som kungen gav dem, av fruktan för att besmitta sig själv med mat som Gud hade förbjudit honom att äta. Som fånge hade han ingen rätt att vägra äta mat som hade utsetts åt honom av kungen, men Daniel ville göra vad han kunde för att bevara sin tro ren inför Gud.

När förste hovmarskalken såg Daniels uppriktiga hjärta blev han så berörd att Daniel inte behövde äta eller dricka kungens mat och vin.

Efter en tid steg Daniel, som noggrant höll fast vid Guds bud, i status till positionen som statsminister i den hedniska nationen Babylon. Eftersom Daniel hade en obeveklig tro som hindrade honom från att kompromissa med världen, hade Gud behag till honom. Så trots att nationen förändrades och kungar byttes ut, fortsatte Daniel att utmärka sig på alla sina vägar, och han fortsatte att ta emot Guds kärlek.

De som söker mig finner mig

Vi kan fortfarande se sådana här välsignelser nu för tiden. För den som har en tro som Daniel som inte kompromissar med världen och som förblir i Gud bud med glädje, kan vi se att Gud välsignar honom med överflödande välsignelser.

För omkring tio år sedan, arbetade en av våra äldstebröder på ett av de främsta finansbolagen i landet. För att locka klienter höll företagen regelbundet möten med sina klienter där det ingick alkohol, och golfmöten på helgerna som var obligatoriska. På den tiden var vår äldstebroder diakon, och efter att ha fått denna position och tydligt också börjat förstå Guds kärlek, drack han aldrig tillsammans med sina klienter, och missade aldrig att tillbe Gud på söndagar, trots företagets världsliga policy.

En dag sade Vd:n på företaget till honom, "Välj mellan företaget och din församling." Som den fasta person han är till naturen, tänkte han inte ens efter innan han svarade, "Det här företaget är viktigt för mig, men om du ber mig att välja mellan företaget och min församling, väljer jag min församling."

På ett mirakulöst sätt rörde Gud vid Vd:ns hjärta och han fick större förtroende för äldstebrodern och det slutade med att han blev befordrad. Och det var inte allt. Strax efter det, efter en serie av befordringar, steg äldstebrodern till att bli VD i ett företag!

Så när vi älskar Gud och försöker förbli i Hans bud, lyfter Gud upp oss i allt vi gör, och välsignar oss på alla livets områden.

Till skillnad från lagarna i samhället, förändras inte Guds utlovade ord med tiden. Oavsett vilken tid vi lever i, och oavsett vilka vi är, om vi helt enkelt lyder och lever i enlighet med Guds ord, kan vi ta emot Guds utlovade välsignelser.

Lagen att förbli i Gud

Därför lär de tio budorden, eller Lagen som Gud gav till Mose, oss standarden genom vilken vi kan ta emot Guds kärlek och välsignelser.

Och som det står skrivet i Ordspråksboken 8:17, *"Jag älskar dem som älskar mig, och de som söker mig, skall finna mig"* kan vi ta emot Hans kärlek och välsignelser beroende på hur mycket vi förblir i Hans lag.

Jesus sade i Johannes 14:21, *"Den som har mina bud och håller fast vid dem är den som älskar mig. Den som älskar mig ska bli älskad av min Far, och jag ska älska honom och uppenbara mig för honom."*

Verkar Guds lagar tunga och tvingande? Men om vi verkligen älskar Gud från vårt hjärtas centrum, kan vi lyda dem. Och om vi kallar oss själva Guds barn, borde det vara naturligt för oss att förbli i dem.

Det är så här man tar emot Guds kärlek, det är så här man kan vara med Gud, möta Gud och ta emot Hans svar på våra böner. Och det viktigaste av allt, Hans lagar hjälper oss att hålla oss borta från synd och att gå mot den väg som leder till frälsning, så vilken oerhörd välsignelse Hans lag är!

Förfäder i tron som Abraham, Daniel och Josef fick välsignelser av att lyftas högt upp i nationen på grund av att de höll sig nära Hans lag. De fick välsignelser när de kom in och de fick välsignelser när de gick ut. De fick inte bara njuta av välsignelser som sådana på alla områden i livet, utan också i himlen, där fick de ta emot välsignelsen av att komma in i härligheten som strålar som solen.

Jag ber i vår Herres namn att ni kommer att fortsätta vända era öron till Guds ord och ha er glädje i HERRENS lag och tänka på den dag och natt, och på så sätt förbli i dem helt och hållet.

"Se hur jag älskar dina befallningar!
HERRE, ge mig liv efter din nåd.
Stor frid har de som älskar din undervisning,
Inget kan få dem på fall.

*Jag hoppas på din frälsning, HERRE,
Och handlar efter dina bud.
Mina läppar ska flöda av lovsång,
Alla dina bud är rättfärdiga"*
(Psaltaren 119:159, 165, 166, 172).

Författaren:
Dr. Jaerock Lee

Dr. Jaerock Lee föddes 1943 i Muan, Jeonnamprovinsen, Republiken Korea. I tjugoåren led Dr. Lee av olika slags obotliga sjukdomar under sju år och inväntade döden utan hopp om tillfrisknande. En dag våren 1974 leddes han emellertid till en kyrka av hans syster och när han böjde knä för att be botade den levande Guden honom omedelbart från alla hans sjukdomar.

Från den stund då Dr. Lee mötte den levande Guden genom denna underbara upplevelse har han uppriktigt älskat Gud av hela sitt hjärta och 1978 fick han kallelsen av Gud att bli Hans tjänare. Han bad ivrigt och innerligt så att han skulle komma att förstå Guds vilja och helt och fullt kunna utföra den och lyda alla Guds Ord. År 1982 grundade han Manmin Centralkyrkan i Seoul, Korea och ett oräkneligt antal Guds verk, inklusive mirakulösa helanden och underverk har skett i hans församling.

År 1986 blev Dr. Lee ordinerad som pastor vid "Annual Assembly of Jesus' Sungkyul Church of Korea", och 1990, fyra år senare, började hans predikningar sändas över radio och TV i Australien, Ryssland, Filippinerna och många andra länder genom Far East Broadcasting Company, Asia Broadcast Station, och Washington Christian Radio System.

Tre år senare, 1993, valdes Manmin Centralkyrkan till en av de 50 främsta församlingarna i världen av amerikanska tidskriften *Christian World* och han mottog ett hedersdoktorat i teologi vid universitetet Christian Faith College, Florida, USA, och 1996 mottog han en Fil. Dr i pastorsämbete från Kingsway Theological Seminary, Iowa, USA.

Sedan 1993 har Dr. Lee haft en ledande roll i världsmissionen genom många internationella kampanjer i Los Angeles, Baltimore och New York i USA, Tanzania, Argentina, Uganda, Japan, Pakistan, Kenya, Filippinerna,

Honduras, Indien, Ryssland, Tyskland Peru, Demokratiska Republiken Kongo, Israel och Estland. År 2002 blev han på grund av sitt arbete med internationella kampanjer kallad "global pastor" av stora kristna tidningar i Korea.

Per maj 2016 är Manmin Centralkyrkan en församling med mer än 120,000 medlemmar. Det finns 10,000 inrikes och utrikes församlingsutposter över hela jorden, och hittills har mer än 102 missionärer sänts ut till 23 länder, inklusive USA, Ryssland, Tyskland, Kanada, Japan, Kina, Frankrike, Indien, Kenya och många, många fler.

Fram till datumet för denna publikationen har Dr. Lee skrivit 104 böcker, inklusive bästsäljare som *En Smak av Evigt Liv Före Döden, Mitt Liv Min Tro I & II, Budskapet om Korset, Måttet av Tro, Himlen I & II, Helvetet, Vakna Israel,* och *Guds Kraft.* Hans verkar har översatts till mer än 76 språk.

Hans kristna krönikor finns i tidningarna *The Hankook Ilbo, The JoongAng Daily, The Chosun Ilbo, The Dong-A Ilbo, The Hankyoreh Shinmun, The Seoul Shinmun, The Kyunghyang Shinmun, The Korea Economic Daily, The Korea Herald, The Shisa New* och *The Christian Press.*

Dr. Lee är för närvarande grundare och ledare för ett antal missionsorganisationer och sammanslutningar såsom ordförande i The United Holiness Church of Jesus Christ; Permanent President för The World Christianity Revival Mission Association; Grundare & Styrelseordförande av Global Christian Network (GCN); Grundare Styrelseordförande för World Christian Doctors Network (WCDN); och Grundare & Styrelseordförande för Manmin International Seminary (MIS).

Andra kraftfulla böcker av samme författare

Himlen I & II

En detaljerad bild över den härliga boendemiljön som de himmelska medborgarna njuter av och underbar beskrivning av de olika nivåerna i de himmelska herradömen.

Budskapet om Korset

Ett kraftfullt budskap som ger ett uppvaknande till människor som är andligt sovande! I denna bok finner du orsaken till att Jesus är den ende Frälsaren och Guds sanna kärlek.

Helvetet

Ett allvarligt budskap till hela mänskligheten från Gud som inte vill att en enda själ ska hamna i helvetets djup! Du kommer upptäcka sådant som aldrig tidigare uppenbarats om den grymma verkligheten i Nedre Hades och helvetet.

Ande, Själ och Kropp I & II

En guidebok som ger oss andlig insikt om ande, själ och kropp och hjälper oss att ta reda på vilket slags "jag" vi har, så att vi kan få kraft att besegra mörkret och bli en andlig person.

Måttet av Tro

Vilka slags himmelska boplatser, kronor och belöningar är förberedda för dig i himlen? Denna bok ger visdom och vägledning och hjälper dig att mäta din tro och kultivera den till att bli den bästa och mognaste tron.

Vakna Israel

Varför har Gud vakat över Israel ända från denna världens begynnelse till denna dag? Vad har Han i sin omsorg förberett för Israel i de sista dagarna, för dem som väntar på Messias?

Mitt Liv, Min Tro I & II

En ytterst dyrbar andlig väldoft utvunnen från livet som blomstrar med en oförliknelig kärlek till Gud, mitt i de mörka vågorna, kalla ok och djupaste förtvivlan.

Guds Kraft

Denna måste-läsa-bok är en viktig guide genom vilken man kan erhålla sann tro och uppleva Guds underfulla kraft.

www.urimbooks.com

www.ingramcontent.com/pod-product-compliance
Lightning Source LLC
LaVergne TN
LVHW041808060526
838201LV00046B/1169